Barbara Kleber
Knigge für jeden Tag

Barbara Kleber

Knigge für jeden Tag

Richtiges Benehmen

Zeitgemäße Umgangsformen

Mit Trainingsfilm auf DVD

Bibliografische Information der Deutschen Nationalbibliothek
Die Deutsche Nationalbibliothek verzeichnet diese Publikation in der Deutschen National-
bibliografie; detaillierte bibliografische Daten sind im Internet über http://dnb.ddb.de abrufbar.

ISBN 978-3-86910-016-6 (Print)
ISBN 978-3-86910-147-7 (PDF)
ISBN 978-3-86910-146-0 (EPUB)

Die Autorin: Dr. Barbara Kleber ist seit fast 20 Jahren Trainerin für Verhalten und Kommunikation.
Sie gibt Seminare und Workshops zu Themen wie Stil und Manieren, Business-Etikette, Zeit- und
Selbstmanagement.

Originalausgabe

© 2011 humboldt
Eine Marke der Schlüterschen Verlagsgesellschaft mbH & Co. KG,
Hans-Böckler-Allee 7, 30173 Hannover
www.schluetersche.de
www.humboldt.de

Redaktion: Christine M. Huber, Literaturagentur&Lektoratsbüro, Pentling
Covergestaltung: DSP Zeitgeist GmbH, Ettlingen
Innengestaltung: akuSatz Andrea Kunkel, Stuttgart
Illustrationen: Werner Pollak, Hannover
Titelfoto: Shutterstock/Valentina Rusinova, pa3x, sabri deniz kizil
Satz: PER Medien+Marketing GmbH, Braunschweig
Video: Alexander Spiering, hybrid.film, Hannover
Druck: Grafisches Centrum Cuno GmbH & Co. KG, Calbe

Hergestellt in Deutschland.
Gedruckt auf Papier aus nachhaltiger Forstwirtschaft.

Inhalt

Vorwort

Gutes Benehmen ist in! Das zwischenmenschliche Miteinander ist schon schwierig genug und muss nicht noch durch schlechte Umgangsformen weiter verkompliziert werden. Mit Freundlichkeit ist einfach mehr zu erreichen als mit Muskelspielen und Einsatz der Ellbogen. Seminare zum Thema „Gutes Benehmen" erfreuen sich großer Beliebtheit. Mittlerweile gibt es auch spezielle Angebote für Kinder, die sich zumeist mit Tischsitten beschäftigen.

Dabei berührt dieses Thema die gesamte Verhaltensbreite: Es reicht vom täglichen Umgang miteinander im Berufs- und Privatleben über die gepflegte Konversation bis zu Tischmanieren. Bedenkt man, dass in anderen Ländern andere Gebräuche und Werte gelten, wird das Thema durch die Gepflogenheiten in diesen Kulturkreisen noch erweitert.

Gutes Benehmen ist aber auch karrierefördernd. Wer die Regeln kennt, kann souveräner mit verschiedenen Situationen umgehen und wird selbstsicherer. Wer selbstsicher auftritt, wird eher die Sprossen der Karriereleiter erklimmen als ein anderer, der kein Fettnäpfchen auslässt. Jemand, der sich wertschätzend und respektvoll gegenüber seinen Mitmenschen verhält, genießt mehr Respekt und Achtung als der skrupellose Karrierist, der über Leichen geht.

Ein Blick über den Tellerrand hinaus erlaubt dabei das letzte Kapitel „Ist kulturelles Verhalten lernbar?". Hierzu konnte die

interkulturelle Expertin Dr. Béatrice Hecht-El Minshawi gewonnen werden. An dieser Stelle möchte ich mich für dieses
aussagekräftige Interview bedanken, das sich so spannend wie
ein Krimi lesen lässt.

Schnell & sicher: So kommen Sie am besten durchs Buch

Mit dem Kauf dieses Ratgebers wollen Sie wahrscheinlich entweder in Ihrem Verhalten bestätigt werden oder Sie suchen
Antworten für ganz bestimmte berufliche oder private Situationen. Das umfassende Inhaltsverzeichnis wird Ihnen dabei
die Auswahl erleichtern. Am Ende eines jeden Kapitels finden
sich „Check-ups" – als konkrete Tipps für Dos und Don'ts zu
den Inhalten der Kapitel. Sie bieten eine Kurzübersicht zu den
wichtigsten Regeln. Ein Register am Schluss des Buches führt Sie
ebenso rasch zu den Antworten.

Relevante Hinweise sind zudem jeweils mit einem Raster hinter-
legt und weisen Sie auf gut nachvollziehbare Aussagen hin.

Als Bonusmaterial erhalten Sie mit diesem Buch eine DVD mit
interessanten Filmsequenzen, die Ihnen gutes Benehmen anschaulich vor Augen führen. Die entsprechenden Textpassagen,
die für einen Kurzfilm verwendet wurden, sind jeweils mit
einer Filmklappe 🎬 besonders hervorgehoben.

Viel Spaß und Erfolg
Ihre Barbara Kleber

Testen Sie Ihren aktuellen Wissensstand!

Neugierig? Dann testen Sie sich selbst. Mit den folgenden zwölf Fragen können Sie die ersten Benimmregeln prüfen. Die richtigen Antworten finden Sie im Anhang am Ende des Buches.

1. *Wie lautet die korrekte mündliche Anrede für einen Herrn Dr. Graf Lambsdorff?*
   a) Guten Tag, Herr Graf Lambsdorff.
   b) Guten Tag, Dr. Graf Lambsdorff.
   c) Guten Tag, Herr Dr. Graf Lambsdorff.

2. *Wie lautet die korrekte Anschrift für ein Ehepaar in einem Brief?*
   a) Herrn und Frau Reiner Muster.
   b) An das Ehepaar Reiner Muster.
   c) Herrn Reiner Muster und Frau Susanne Muster.

3. *Welche Regel stimmt bei der Begrüßung im beruflichen Umfeld?*
   a) Frauen stehen auf wie die Herren.
   b) Frauen bleiben grundsätzlich sitzen.
   c) Frauen bleiben sitzen, es sei denn, eine bedeutend ältere Dame reicht ihr die Hand.

4. *Welche Regel gilt für den Umgang mit SMS, wenn andere Personen dabei sind?*
   a) Der Absender bekommt umgehend Antwort.
   b) Gleich lesen – später beantworten.
   c) Weder lesen noch schreiben.

5. *Wie werden Visitenkarten entgegengenommen?*

a) Erst lesen, kurz kommentieren – dann einstecken.

b) Gleich einstecken.

c) Wortlos lesen – dann einstecken.

6. *Welche Aussage über Business-Hemden ist richtig?*

a) Im Sommer können die Herren kurzärmelige Hemden zum Anzug tragen.

b) Ein Business-Hemd ist immer langärmelig.

c) Zum Button-down trägt man eine Krawatte.

7. *Welche Knöpfe werden bei einem Drei-Knopf-Sakko geschlossen?*

a) Die beiden oberen oder nur der mittlere Knopf.

b) Alle Knöpfe werden geschlossen.

c) Nur der untere Knopf.

8. *Welche Speisen dürfen Sie mit der Hand essen?*

a) Geflügel.

b) Spareribs.

c) Spargel.

9. *Wie essen Sie das Beilagenbrot?*

a) Brot wird in mundgerechte Stücke gebrochen.

b) Mit Messer und Gabel.

c) Aus der Hand von der Scheibe abbeißen.

10. *Wer verkostet den bestellten Wein?*
    a) Grundsätzlich ein Mann.
    b) Der Ehrengast.
    c) Wer bestellt hat.

11. *Wo legen Sie nach dem Essen die Serviette ab?*
    a) Auf dem Teller.
    b) Rechts neben dem Teller.
    c) Links neben dem Teller.

12. *Zwei bekannte Paare treffen sich auf der Straße.*
    Wie begrüßen sie sich richtig mit Handschlag?
    a) Erst die Herren, dann die Herren die Damen,
       dann die Damen.
    b) Dafür gibt es keine Regel.
    c) Erst die Damen, dann die Damen die Herren,
       dann die Herren.

Konnten Sie jede Frage auf Anhieb beantworten? Herzlichen Glückwunsch! Mussten Sie über einzelne Fragen länger nachdenken oder sind dabei zu keinem Ergebnis gekommen, dann lesen Sie einfach weiter.

Gutes Benehmen – was ist das?

Gutes Benehmen erleichtert den Umgang miteinander. Dabei geht es nicht um altmodische Regeln, die steif zur Anwendung kommen. Gutes Benehmen kann auch nicht auf die Regeln von Stil und Etikette reduziert werden. Zeitgemäße Umgangsformen sind vor allem geprägt durch einen achtsamen Umgang mit den Mitmenschen. Wer anderen Respekt und Wertschätzung zollt, hat es im beruflichen Alltag und im privaten Umfeld leichter.

Was von Knigge bleibt

„Knigge lässt grüßen!", wer hat es nicht schon mal gehört. „Knigge" ist zum geflügelten Wort geworden, wenn es ums gute Benehmen, um Stil und Etikette geht. Knigge ist sozusagen der Urvater unserer Benimmregeln.

Adolph Freiherr von Knigge (1752 bis 1796) hat uns ein berühmtes Buch hinterlassen. Es trägt bezeichnenderweise den Titel *Über den Umgang mit Menschen* und wurde bereits 1788 veröffentlicht. Knigge vermittelt darin praktische Lebensregeln, die seiner Zeit entsprachen. Geblieben davon ist die Achtung vor dem Mitmenschen, die Pflicht sich gegenüber jedermann höflich und anerkennend zu verhalten. In diesem Punkt kann Knigge gar nicht veralten, diese Empfehlung gilt heute wie 1788.

Viele seiner Empfehlungen sind aber inzwischen überholt und reichen für unsere modernen Gegebenheiten nicht mehr aus. Knigge wusste nichts von klingelnden Handys in Restaurants oder dem Gebrauch der Visitenkarte.

Viel wichtiger als die Anwendung von Regeln und Normen im Umgang miteinander ist die Haltung, die wir zu Mitmenschen haben. Sie soll Herzlichkeit, Freundlichkeit, Feingefühl und Takt vermitteln. Das sind – verbunden mit dem eigenen persönlichen Stil – die Eckwerte für gutes Benehmen, auch und gerade in unserer hektischen schnelllebigen Zeit. Leben wir diese wirklich, verzeiht man uns auch den Griff zum falschen Besteck eher.

Gutes Benehmen ist immer an Rücksichtnahme und Achtung gegenüber den Mitmenschen gebunden. Dabei spielt die eigene Persönlichkeit die entscheidende Rolle. Gutes Benehmen muss zum Wesen der Person passen, sonst wirkt es künstlich und aufgesetzt, vielleicht sogar unehrlich.

Übertrieben devote Manieren sind nicht mehr zeitgemäß. Natürlichkeit ist gefragt. Situationsgerechtes Verhalten verschafft uns Sympathien. Das heißt aber auch, dass die modernen Benimmregeln nicht dogmatisch angewandt werden können. Wenn Sie sich in einer bestimmten Situation anders verhalten wollen, als die Regeln es eigentlich vorsehen, können Sie heute Ihrer Intuition folgen.

Wer die Regeln kennt, kann sie hin und wieder auch lockerer handhaben. Wer dagegen nicht weiß, wie man sich korrekt verhält, wird sich unsicher fühlen und auch auf andere so wirken.

Die drei Knigge-Grundsätze guten Benehmens behalten – unabhängig von den Veränderungen in der Gesellschaft – ihre Gültigkeit:

1. Ich denke von Dir, wie ich wünsche, dass Du von mir denkst.
2. Ich spreche von Dir, wie ich wünsche, dass Du von mir sprichst.
3. Ich handle Dir gegenüber so, wie ich wünsche, dass Du es mir gegenüber tust.

Wenn wir unser Verhalten und Handeln an diesen Grundsätzen orientieren, uns also auch in die Situation des Gegenübers versetzen, haben wir die wichtigsten Anforderungen guten Benehmen schon erfüllt. Das verlangt auch, die eigene Sensibilität zu schulen. Takt ist der Verstand des Herzens, heißt es, und das verlangt, sich auf den anderen einzustellen und seine Schwingungen wahrzunehmen.

Takt ist der Verstand des Herzens.

Zeitgemäße Umgangsformen

Wir leben in Zeiten schnellen Wandels. Alles ist rasanten Veränderungen unterworfen. Der eben angeschaffte moderne PC ist morgen schon veraltet. Die Produzenten überbieten sich darin, immer schneller mit neuen Produkten auf den Markt zu kommen.

Dieser umfassende Umbruch macht auch vor unserem Verhalten und Zusammenleben nicht Halt. Es ist nicht davon auszugehen, dass die in der Kindheit erworbenen Umgangsregeln nun ein Leben lang Gültigkeit haben … die Sitten ändern sich. Gerade die Zusammenarbeit in Unternehmen hat sich in den letzten Jahren wesentlich gewandelt. Die Gegenüberstellung „Vorgesetzter hier und Untergebene da" ist ein Auslaufmodell. Allenthalben ist von Teamarbeit die Rede. Aus Untergebenen wurden selbstbewusste Mitarbeiter. Die Regeln der „alten Schule" helfen uns da nicht weiter. Was wir brauchen, sind moderne, zeitgemäße Umgangsformen, die ein reibungsloses Miteinander ermöglichen. Manchmal muss man dabei den eigenen Egoismus überwinden und sich in Rücksichtnahme und Achtung üben.

Höfliche Umgangsformen haben zu allen Zeiten ihre Daseinsberechtigung, auch oder gerade in unserer hochtechnisierten Welt. Wer glaubt, die Regeln des zwischenmenschlichen Umgangs verletzen zu können, bezahlt nicht selten mit Einsamkeit und Isolation. In fast allen Kulturen werden Verstöße dieser Art geahndet. Wer jedoch auf andere offen, mit Achtung und Wertschätzung zugehen kann, wer Herzensbildung und eine positive Grundeinstellung ausstrahlt, echtes Interesse zeigt und sich in Toleranz übt, kann auch mit einem positiven Echo rechnen.

Damit das Miteinander funktioniert, brauchen wir Verhaltensregeln, die uns auch die Wünsche, Ansprüche und Erwartungen der anderen berücksichtigen lassen. Denn wir haben jeden Tag Probleme zu bewältigen. Sie müssen nicht noch durch schlechte Umgangsformen verschärft werden. Deshalb sollten wir uns stets so verhalten, dass

Höflichkeit signalisiert: Ich achte und respektiere dich!

andere sich durch uns nicht brüskiert, gestört oder belästigt fühlen. Kurzum: Ein höflicher Mensch fällt nirgendwo unangenehm auf.

Der eigene Stil ist wichtig

Das ganze Regelwerk bleibt farblos, wenn es nicht durch den persönlichen Stil jedes Einzelnen geprägt wird. Auch das unterscheidet uns von Knigges Zeitgenossen. Sie mussten sich noch in einer stark nach Ständen und Schichten gegliederten Gesellschaft an strenge Vorschriften halten.

Wir haben immer die Freiheit der Entscheidung – auch in Verhaltensfragen. Vorausgesetzt, Sie respektieren Knigges Rat: „Das Geheimnis des guten Benehmens besteht darin, sich geltend zu machen, ohne andere unerlaubt zurückzudrängen."

Innerhalb dieser Grenzen haben wir viele Möglichkeiten. Natürlich gibt uns auch die jeweilige Umgebung Hinweise für unser angemessenes Verhalten und Benehmen. In einem Fast-Food-Restaurant gelten andere Regeln als in einem Fünf-Sterne-Haus. Wichtig ist, dass – egal, wo Sie auftreten – Sie Ihren Stil finden, der Ihrer Persönlichkeit entspricht. Mit übertriebenen, gekünstelten Manieren fällt man genauso auf wie durch schlechtes Betragen.

Gutes Benehmen signalisiert Achtung und Respekt vor den Mitmenschen. Dafür braucht es Taktgefühl. Es ist ein Zeichen schlechten Stils, andere „vorzuführen" oder in Anwesenheit Dritter bloßzustellen. Höflichkeit, Freundlichkeit, Toleranz, Herzlichkeit, Interesse am Gesprächspartner und die Gabe, aktiv zuhören zu können, das sind die Eigenschaften, die gutes Benehmen ausmachen.

Gutes Benehmen erleichtert das Zusammenleben der Menschen, weil es Verhaltensgrundsätze formuliert. Die Kenntnis und Beachtung dieser Regeln und Normen lässt uns sicherer werden und auch schwierige Situationen meistern. Aber gutes Benehmen sollte sich nicht nur auf den Umgang mit Dritten beziehen. Wir müssen mit uns selbst auch achtsam, respektvoll und wertschätzend umgehen. Wer zur

Mit guten Manieren lassen sich schwierige Situationen meistern.

Harmoniesucht neigt, immer versucht, es allen recht zu machen, kann die eigenen Bedürfnisse nicht mehr in angemessener Form berücksichtigen. Das schafft Unzufriedenheit und Frust, dadurch kann ein freundlicher und taktvoller Umgang mit anderen erschwert werden. Und schließlich: Wer sich selbst nicht respektiert, wird auch von anderen nicht respektiert.

Über Sinn und Unsinn von Benimmregeln

Normen und Regeln erleichtern das Leben, vor allem das Zusammenleben mit anderen Menschen. Sie geben uns Orientierung und die Sicherheit, mit den unterschiedlichen situationsbedingten Anforderungen umzugehen. Einen Großteil dieser Regeln erlernen wir alle schon in der Kinderstube. Durch die häufige Anwendung haben wir alle einen Trainingsprozess durchlaufen und mehr oder weniger stabile Verhaltensmuster für den Alltag ausgeprägt, die in unserem Kulturkreis gelten.

Für spezielle Situationen gibt es besondere Regeln, die man erlernen kann. Unter dem Begriff „Stil und Etikette" werden vielfältige Bereiche bedient. Von der Begrüßung über den Small Talk bis zum Abschied sind Regeln vorhanden und zu berücksichtigen. Und noch immer gibt es eine Rangfolge, die bei der Begrüßung und dem Vorstellen bzw. Bekanntmachen berücksichtigt werden sollte.

Auch für die Anrede und den Gebrauch von Titeln sind Regeln erdacht und formuliert worden. Sie können uns helfen, nicht in die „Fettnäpfchen" zu treten.

Ein besonderes Kapitel sind Tischsitten, auf die in der gehobenen Gastronomie auch Wert gelegt wird. Für die Bestellung bis zur Bezahlung kann man sich an solchen Regeln orientieren. Das gilt auch für den Gebrauch von Bestecken sowie Gläsern und für die Empfehlungen, wie was gegessen werden sollte.

Eine Kleiderordnung regelt die zum Anlass passende Auswahl der richtigen Garderobe und gibt uns daher die Sicherheit, auch angemessen gekleidet zu sein.

All diese Regeln und Normen sollte man kennen und anwenden können. Aber wir haben auch die Freiheit, uns situationsgerecht angemessen zu verhalten. Die Regel verlangt, dass der Azubi seiner Geschäftsführerin, die er am Eingang trifft, selbstverständlich die Tür aufhält und ihr den Vortritt lässt. Was aber, wenn der Azubi schwere Kartons trägt? Da kann es Sinn machen, die Rollen zu tauschen: Also hält die Geschäftsführerin ihrem Azubi die Tür auf und lässt ihn vorgehen. Der Rangordnung entspricht das nicht – aber: Es macht Sinn.

Regeln und Normen sollte man kennen. Doch es kommt immer auch auf die Situation an.

Mitunter erleben Sie Situationen, in denen die sture Anwendung von Benimmregeln einfach nicht praktikabel ist. In solchen Situationen kommt es dann darauf an, sich situationsgerecht gut zu verhalten. Das heißt, bei Wahrung von Wertschätzung und Respekt gegenüber den anderen die für die Situation beste Variante zu finden und anzuwenden.

Check-up: So geht's!

- Respekt und Wertschätzung für alle Menschen in unserer Umgebung zeigen
- Freundlich miteinander umgehen
- Sich nicht auf Kosten anderer in den Vordergrund drängen
- Den eigenen Stil finden – authentisch bleiben, ohne sich zu verbiegen
- Achtsam mit sich selbst sein
- Das Regelwerk des guten Benehmens kennen lernen

Check-up: Und so bitte nie wieder!

- Sich vorlaut in den Vordergrund drängen
- Die Bedürfnisse anderer missachten
- Unfreundlich reagieren
- Die Regeln stur und buchstabengetreu anwenden
- Die eigenen Bedürfnisse verleugnen

Respekt und Wertschätzung sind die Grundlage

Respekt und Wertschätzung für die Menschen in unserer Umgebung sind die Basis für gutes Benehmen. Jeder verdient es, höflich behandelt zu werden – und zwar vollkommen unabhängig von der Stellung in der Gesellschaft, von der gefahrenen Automarke oder der Art der Arbeit, die jemand ausübt. Ohne Wertschätzung und Respekt füreinander kann es kein reibungsloses Miteinander geben.

Die Sache mit dem Selbstwertgefühl

Wir alle haben es: unser Selbstwertgefühl. Es ist eine Art Preisvorstellung darüber, was wir uns selbst wert sind. Es kann sehr unterschiedlich ausfallen. Wer immer nur negative Rückmeldungen aus der Umgebung bekommt, hat ein geringes Selbstwertgefühl. Wer dagegen viel positives Feedback bekommt, kann auch ein hohes Selbstwertgefühl entwickeln.

Unser Selbstwertgefühl entwickelt sich also vor allem durch den Austausch mit anderen, durch Kommunikation. Und die Art und Weise dieser Kommunikation nimmt eben Einfluss auf die Ausprägung des Selbstwertgefühls. Komplimente, anerkennende Worte, bewundernde Blicke, ein dickes Lob vom Chef treiben unsere individuelle Preisvorstellung in die Höhe.

Umgekehrt bleibt unser Selbstwertgefühl klein, wenn wir immer nur bekrittelt werden und wir das Gefühl bekommen, dass unsere Anstrengungen – wie sehr wir uns auch bemühen mögen – nicht den Erwartungen entsprechen. Abfällige Bemerkungen, scheele Blicke und Missachtung beschädigen das Selbstwertgefühl.

Gerade in der Erziehung sollten Eltern ihren Kindern ein hohes Selbstwertgefühl vermitteln. Kinder und Jugendliche brauchen viel Anerkennung, Aufmerksamkeit und Interesse, um ihr heranwachsendes Selbstwertgefühl zu fördern.

Weil das Selbstwertgefühl für unser Wohlbefinden so wichtig ist, sind wir auch ständig wachsam, damit es ja keinen Schaden nimmt. Wir achten sensibel darauf, dass es in uns nicht zu einem Preisverfall des eigenen Ichs kommt. Mehr noch: Wir sind offensichtlich mit Schutzmechanismen ausgestattet, die jeden Angriff auf das eigene Selbstwertgefühl abwehren. Wenn wir uns – wieder durch Kommunikation – angegriffen fühlen, schlagen wir verbal zurück. Wenn wir Wertschätzung und Respekt vermissen, macht uns das im Interesse der Erhaltung unseres Selbstwertgefühls aggressiv und die Antwort fällt entsprechend aus.

Ein Beispiel: Er sucht seinen Führerschein und fragt sie: „Wo hast Du meinen Führerschein hingelegt?" Diese Frage unterstellt, sie hat den Führerschein verlegt, und die Antwort kann heftig ausfallen: „Pass auf Deine Sachen auf! Was geht mich Dein Führerschein an?" Für den Familienfrieden wäre es besser gewesen, wenn er sie gefragt hätte: „Weißt Du, wo ich meinen Führerschein hingelegt habe?" oder: „Ich suche meinen Führerschein. Kannst Du mir bitte helfen?" Das sind Frageformulierungen, die ihr keine Schuld unterstellen, der Konflikt ist entschärft. Wahrscheinlich hilft sie ihm nun beim Suchen.

Angriffe auf unser Selbstwertgefühl parieren wir zumeist mit einem Gegenangriff. Besser ist es daher, durch eine entsprechende Kommunikation das Selbstwertgefühl der Mitmenschen nicht anzugreifen. Dabei ist es unwichtig, ob der Angriff in voller Absicht (das ist ohnehin schlechter Stil) oder unabsichtlich gestartet wurde. Viel entscheidender ist, wie das Gesagte beim Gegenüber ankommt. Sogenannte Ich-Botschaften, also das Äußern eigener Beobachtungen, Empfindungen, Erfahrungen usw., werden vom jeweiligen Gegenüber nicht als Vorwurf erlebt. Beispielsweise klingt „Ich bin verärgert über Deine Verspätung" schonender als der Vorwurf „Du bist nie pünktlich". Das ist der Unterschied zwischen Ich- und Du-Botschaften. Wer also das Selbstwertgefühl seines Gegenübers schützen und keinen Gegenangriff riskieren will, formuliert konsequent Ich-Botschaften.

Übung: Ich-Botschaften

Formulieren Sie die Vorgaben (= Du-Botschaften) in Ich-Botschaften um! Statt „Sie haben mir eine falsche Kontonummer gegeben" wäre es etwa besser zu sagen: „Ich habe festgestellt, dass die angegebene Kontonummer auf der Überweisung falsch ist". Mögliche Lösungsvorschläge finden Sie im Anhang am Ende des Buches.

a) „Schicken Sie uns erst eine Rechnung, bevor Sie mahnen!"

Ich-Botschaft:

_____

_____

_____

_____

_____

b) „Da hätten Sie die Angaben gleich richtig machen müssen!"

Ich-Botschaft:

_____

_____

_____

_____

_____

c) „Sie haben die Überweisung unleserlich ausgefüllt!"

Ich-Botschaft:

_____

_____

_____

_____

_____

_____

d) „Sie haben mich vollkommen falsch verstanden!"

Ich-Botschaft:

_____

_____

_____

_____

_____

_____

e) „Da haben Sie nicht richtig zugehört!"

Ich-Botschaft:

_____

_____

_____

f) „Da müssen Sie sich an die Serviceabteilung wenden!"

Ich-Botschaft:

_____

_____

_____

_____

g) „Sie müssen mir den Sachverhalt schriftlich vorlegen!"

Ich-Botschaft:

_____

_____

_____

Manche Mitmenschen brauchen aber auch ihre ganz spezifischen Statussymbole, um ihr Selbstwertgefühl in der öffentlichen Wahrnehmung aufzupolieren. Ein schnittiges schnelles und vor allem teures Auto bringt seinem Fahrer bestimmt Fahrspaß, es wertet aber auch sein Selbstwertgefühl auf.

Statussymbole können das Selbstwertgefühl fördern.

Wertschätzung und Respekt zeigen

Gutes Benehmen heißt zuallererst, allen Menschen mit Respekt, Takt, Herzensbildung und Wertschätzung zu begegnen und durch eine achtsame Kommunikation nicht das Selbstwertgefühl zu torpedieren, was üblicherweise – wie wir eben gesehen haben – den Gegenangriff auslösen kann.

Jeder Mensch verdient unsere Beachtung und Wertschätzung als Mitmensch, seine Leistungen verdienen Respekt. Dabei ist es ziemlich gleichgültig, ob es sich um die Leistungen eines Herzchirurgen handelt oder um die der Putzfrau, die uns allabendlich den Müll wegbringt. Respekt verdient meines Erachtens auch der langjährige Hartz-IV-Empfänger, der sich und seine Familie nicht aufgibt und dafür sorgt, dass seine Kinder ihre Chancen für ein erfülltes Berufsleben nutzen und der ihnen trotz Arbeitslosigkeit noch leistungsorientierte Werte vermitteln kann.

Wie aber vermitteln wir diese Wertschätzung für andere Menschen? Sagen wir ihm, dass wir ihn wertschätzen? Wohl kaum.

Wir haben andere Möglichkeiten, unsere Wertschätzung für jemanden zum Ausdruck zu bringen. Das beginnt bereits bei ganz banaler Höflichkeit.

„Bitte" und „Danke" sind Ausdruck von Wertschätzung. Dazu gehört auch die Anrede mit dem Namen. Jeder hört seinen Namen gern und die meisten Menschen reagieren mit Korrekturen, wenn ihr Name verwechselt oder falsch ausgesprochen wird.

Es hat sich erfreulicherweise in vielen Branchen durchgesetzt, dass Mitarbeiter Namensschilder tragen. Diese vertrauensbildende Maßnahme sollten wir nutzen und die dienstbaren Geister mit ihrem Namen ansprechen.

Wertschätzung bekunden Sie auch durch Interesse am anderen. Die meisten Menschen reagieren auf Fragen positiv und geben bereitwillig Auskunft. Allerdings sollte dieses Interesse auch nonverbal zum Ausdruck kommen. Dazu gehören der Blickkontakt, die Aufmerksamkeit und die Geduld beim Zuhören. Solche Gespräche können schnell eine angenehme Atmosphäre herstellen.

Auch sich Zeit zu nehmen ist ein starkes Signal für Wertschätzung. Jemandem seine ganze Aufmerksamkeit zu schenken macht glücklich. Kurzum: Es existieren vielfältige Möglichkeiten, um dem anderen unsere Wertschätzung für seine Person und unseren Respekt vor seinen Leistungen zu zeigen.

Check-up: So geht's!

- Mit jedermann wertschätzend und respektvoll umgehen
- Das Selbstwertgefühl nicht verbal attackieren
- Konsequent Ich-Botschaften formulieren
- Am anderen wirklich interessiert sein
- Sich Zeit nehmen und aktiv zuhören
- Mitmenschen mit ihrem Namen ansprechen
- „Bitte" und „Danke" sagen

Check-up: Und so bitte nie wieder!

- Andere durch Blicke, Gesten oder Worte missachten
- Nicht grüßen und unhöflich sein
- Die eigene schlechte Laune an anderen abreagieren
- Sich selbst in den Vordergrund spielen
- Nur den eigenen Vorteil suchen

Gute Kommunikation erleichtert das Miteinander

Ohne Kommunikation geht gar nichts. Wir kommunizieren immer: mal laut, mal leise, sogar stumm. Kommunikation ist Verhalten. Unsere Art der Kommunikation beeinflusst die Qualität unserer Beziehungen zu den Mitmenschen. Gute Kommunikation berücksichtigt und respektiert immer die Gefühle des jeweiligen Gegenübers. Andersherum kann ein schlechter Kommunikationsstil auch Beziehungen zerstören und einfach als schlechtes Betragen wahrgenommen werden.

Einige Grundregeln

Der Mensch kann gar nicht anders: Er muss kommunizieren, wenn er anderen Menschen begegnet. Dabei muss nicht zwingend gesprochen werden. Wir kommunizieren auch tonlos, ohne Worte.

Gestik, Mimik und die Körperhaltung können Bände sprechen und verraten oft mehr von uns, als uns lieb ist. Mehr noch: Auch in der normalen Gesprächssituation fließen mehr Informationen „stumm", also ohne Worte. Die aktuelle Befindlichkeit, die Stimmung, das Interesse oder Desinteresse müssen gar nicht in Worte gefasst werden. Wir signalisieren solche Informationen durch Mimik und Gestik. Daher ist es wichtig, in der direkten

Auch die körpersprachlichen Signale des Gesprächspartners sind zu beachten.

Kommunikation immer auch auf die körpersprachlichen Signale des Gesprächspartners zu achten.

Gutes Benehmen ist untrennbar mit der Kommunikation verbunden. Wertschätzung und Respekt zeigen Sie durch die Art und Weise der Kommunikation, nicht zwingend durch das gesprochene Wort. Eine offene Körperhaltung und Blickkontakt signalisieren dem Gegenüber ein klares Interesse. Wenn Sie dabei auch noch freundlich lächeln, wird die Situation entspannt.

Jeder Mensch möchte beachtet und ernst genommen werden. Das gehört einfach zu unseren Bedürfnissen. Und wir hoffen, dass unsere Mitmenschen dieses Bedürfnis auch befriedigen.

Ein Beispiel: Meine Tochter war für einige Monate in den USA zu einem Berufspraktikum. Sie hat dort eine andere Lebensweise kennen gelernt. In ihren jeweiligen Gastfamilien wurde gut für sie gesorgt und sie wurde auch durchaus freundlich aufgenommen. Wirkliches Interesse an ihrer Person hat sie aber nicht verspürt: keine Fragen zu den aktuellen Erlebnissen des Tages, kaum Fragen nach ihrer Herkunft und ihrer Situation in Deutschland. Dieses Desinteresse hat sie als mangelnde Wertschätzung ihrer Person empfunden.

Interesse am anderen bekunden wir vor allem durch offene Fragen, also W-Fragen (wie, warum, weshalb, was …). Das ist selbst dann wichtig, wenn wir die mögliche Antwort scheinbar schon kennen. Es vermittelt dem anderen aber Interesse und hilft ihm die Tagesereignisse zu verarbeiten. Das funktioniert nach der Volksweisheit „Geteilte Freude ist doppelte Freude. Geteiltes Leid ist halbes Leid!".

Wichtig ist dafür allerdings auch, dass der andere wirklich aufmerksam zuhört. Die Fragestellung „Wie war Dein Tag?" verhallt völlig, wenn der andere nicht nonverbal wirkliches Interesse signalisiert, sondern weiter in seiner Zeitung blättert. Dieses Desinteresse wird als Missachtung erlebt und hat mit gutem Benehmen nichts zu tun.

Interessiertes Zuhören verlangt deutlich signalisierte Aufmerksamkeit. Dazu gehört ein freundlicher Blickkontakt, vielleicht auch ein Kopfnicken. Auch sogenannte Verstärker können eingesetzt werden: „Ach was?", „Interessant!", „Unglaublich!", „Sag bloß!" usw. Das vermittelt volle Aufmerksamkeit und verstärkt den Eindruck, ganz bei der Sache zu sein.

Wirkliches Zuhören und ein echtes Lächeln sind die wichtigsten Eigenschaften, um bei einem Gesprächspartner einen positiven Eindruck zu hinterlassen. Dazu gehört natürlich ebenso der Verzicht auf alle möglichen Nebentätigkeiten … auch wenn das Titelbild der Tageszeitung noch so verlockend erscheint. Wichtig ist zudem, dass das Gespräch durch ein völlig neues Thema nicht eine ganz andere Richtung nimmt.

Ein Beispiel: Ein Paar sitzt am Tisch. Sie erzählt ihm, dass sie heute im Geschäft von einer Kundin massiv beschimpft wurde. Dieses Ereignis hat sie schwer beschäftigt und so sprudeln die Worte nur so aus ihr heraus. In einer Sprechpause fragt er: „Was machen wir eigentlich am Wochenende?" Das damit verbundene Signal ist deutlich und der Tag gelaufen. Kein Wunder, dass sie erst mal ihre Freundin anruft. Hier gilt: „Reden ist ein Bedürfnis – Zuhören eine Kunst."

Kurzum: Gute Kommunikation, die den anderen respektiert und wertschätzt, dient immer auch der Beziehungspflege.

Komplimente machen und erhalten

Auch das Thema „Komplimente" wird kontrovers diskutiert. Die einen nennen es Anerkennung – andere „Schmus" oder „Süßholzgeraspel". Dazwischen liegt in der Kommunikation oft nur ein schmaler Grat. Es kommt darauf an, wie Komplimente gemacht werden, damit sie nicht als „Schmus" ankommen und damit sogar das Gegenteil und Ärger auslösen.

Ein ehrlich gemeintes Kompliment, ein Lob für eine gute Leistung können helfen, die Zusammenarbeit im beruflichen Alltag und auch im Privatleben angenehmer zu gestalten. Wir stehen Komplimenten auch deswegen so skeptisch gegenüber, weil wir viel schneller bereit sind, Kritik zu äußern und zu tadeln, als Anerkennung auszusprechen. Schönes, Gutgelungenes und Erfreuliches wird oft als Selbstverständlichkeit hingenommen. Schade eigentlich! Aber es kommt natürlich darauf an, Komplimente auch nett und glaubwürdig zu formulieren. Übertrieben und fadenscheinig wirkende Äußerungen sollten dabei genauso vermieden werden wie verletzende Beleidigungen!

Genauso, wie es gut ist, das Formulieren und Aussprechen eines ehrlichen Lobes zu üben, ist es auch gut, die Annahme eines Komplimentes zu lernen. Oft wird es aus Unsicherheit und Verlegenheit abgeschwächt oder sogar negiert, wie: „Ach das war doch nicht der Rede wert." Da wollte Ihnen jemand etwas Nettes sagen und Ihnen damit eine Freude machen. Das ist nun gründlich misslungen, denn so vermitteln Sie das Gefühl, dass es gar nicht lohnt, Ihnen

Üben Sie sich in der Kunst, ehrliche und nette Komplimente zu machen.

etwas Nettes zu sagen. Viel besser ist es, sich für ein Kompliment zu bedanken und damit ein Stück Freude zurückzugeben, wie: „Vielen Dank, es ist nett, dass Sie das sagen.“

Auch mal Nein sagen

Nein sagen ist nicht unhöflich, ganz im Gegenteil. Gutes Benehmen heißt ja nicht, es allen recht machen zu wollen und sich selbst ganz aufzugeben. Wenn gutes Benehmen vor allem mit Respekt und Wertschätzung für die Mitmenschen gekennzeichnet ist, so muss das auch für uns selbst gelten.

Auch Sie müssen mit sich selbst gut umgehen, sich selbst respektvoll und wertschätzend behandeln. Das heißt auch, Sie müssen die eigene Befindlichkeit in ihrem Verhalten berücksichtigen. Mal ganz abgesehen davon, dass wir es nie immer allen recht machen können, denn: „Allen recht getan, ist eine Kunst, die niemand kann.“ Allerdings kostet es mitunter Überwindung, die eigene Befindlichkeit auch klar auszusprechen.

Allerlei Ängste können uns daran hindern, ein klares Nein zu formulieren. Wir sitzen in der Harmoniefalle, fühlen uns zunächst gut und bemerken erst in der Folge den Fehler, weil wir uns Dinge aufgeladen haben, die wir eigentlich gar nicht wollen. Das kann die Stimmung trüben … für uns sowieso, aber auch für andere. Besser ist ein freundliches Nein an der richtigen Stelle,

Raus aus der Harmoniefalle! Manchmal muss man auch ganz klar „Nein“ sagen.

dann weiß der andere auch, woran er ist. Allerdings gilt auch in diesem Fall: „Der Ton macht die Musik." Das Nein ist in jedem Falle positiv zu begründen.

Ein Beispiel: Svenja kommt nach einem harten Arbeitstag erschöpft nach Hause. Ihr Mann erwartet sie schon auf dem Flur, hat die Autoschlüssel in der Hand und lädt sie ins Kino ein. Für diese Situation gibt es zwei Verhaltensoptionen:

1. *Sie stimmt zu, geht ins Kino (weil er sich das so wünscht), hat schlechte Laune und schläft ein.*

2. *Sie schlägt seine Einladung aus: „Kino klingt gut, nur nicht heute, ich hatte heute einen anstrengenden Tag und bin froh, dass ich jetzt zu Hause bin. Ich habe mich auf einen ruhigen und gemütlichen Abend mit Dir gefreut. Lass uns bitte den Kinobesuch verschieben. "*

Ein freundliches, aber klares und bestimmt formuliertes Nein ist allemal besser, als sich in sein Schicksal zu fügen. So weiß auch der andere, woran er ist, und hat die Chance, seine Schlussfolgerungen für die Zukunft abzuleiten.

Wir können uns mit viel Empathie in die Befindlichkeit anderer Menschen versetzen, aber wir können nicht hellsehen oder zaubern. Gerade auch Vertreter der älteren Generation halten es immer noch für höflich, mit der eigenen Befindlichkeit hinter dem Berg zu halten. Sie haben es nicht gelernt, die eigenen Bedürfnisse klar zu formulieren. Das führt dann zu vielfältigen Missverständnissen und Enttäuschungen. Grundsätzlich gilt: Ich-Botschaft vor Du-Botschaft. Also statt: „Du sollst …!" besser: „Ich wünsche mir …!" Damit können dann alle besser umgehen, als wenn Wünsche und Erwartungen nicht klar ausgesprochen werden.

Männliche und weibliche Kommunikation

Die beiden Geschlechter sprechen ihre eigene Sprache. Solange sie unter sich sind, ist das kein Problem, denn sie verwenden gleiche Sprachmuster. Aber zwischen den Geschlechtern kann es mit der Kommunikation schon mal schwierig werden. Die Ursachen für die verschiedenartige Kommunikation sind vielfältig. Typisch männliches und typisch weibliches Verhalten scheint schon angeboren zu sein. Dann wirken sich auch noch familiäre Traditionen, insbesondere die Vorbildrolle von Vater und Mutter, und die Erziehung auf die Prägung aus.

Männer kommunizieren eher direkt sowie konkurrenzorientiert, Frauen dagegen indirekt und beziehungsorientiert. Vokabeln wie „vielleicht", „eventuell", „ein bisschen", „nur", „eigentlich" usw. sind weibliche Ausdrucksformen; dazu kommen viele Konjunktive, u. a. „könnte", „sollte", „würde".

Frau bleibt in der Geschäftswelt nichts weiter übrig, als die Männersprache zu lernen, wenn sie von den Männern verstanden werden will. Umgekehrt wird das nicht funktionieren, denn die Businessworld spricht männlich. Hier haben Männer die Regeln gemacht. Frau kommt diese direkte Sprache oft unhöflich vor, aber sie bringt klar zum Ausdruck, was zu tun ist. Und auch diese direkte Sprache verzichtet nicht auf die beiden Zauberwörter „Bitte" und „Danke".

Auch Frauen müssen klar sagen, was Sache ist.

Ein Beispiel: Ein Pärchen ist auf der Autobahn unterwegs. Eine Rast-stätte wird angekündigt, da fragt sie ihn: „Möchtest Du auch einen Kaffee?" Er antwortet: „Nein" ... und bleibt auf der linken Spur. 70 km weiter kommt die nächste Raststätte, da sagt sie: „Fahr bitte raus, ich möchte einen Kaffee trinken." Daraufhin drosselt er die Geschwindig-keit, wechselt auf die rechte Spur und sagt: „Gute Idee. Aber ich nehme lieber eine Cola."

Die erste Frage hat er wörtlich genommen und die darin verborgene (indirekte) Botschaft nicht verstanden. Der zweite Versuch, zu einem Kaffee zu kommen, war sehr direkt und (trotzdem) freundlich formu-liert. Das versteht Mann sofort und handelt entsprechend.

Small Talk pflegen

Der Small Talk wird oft als nur oberflächliches Geplänkel abgetan. Das kann stimmen, weil die Themen und die Art des Gedankenaustauschs nicht eben auf einem hohen wissenschaftlichen Niveau geführt werden. Aber der Small Talk hat eine wichtige Funktion. Er ist der Anfang der Kommunikation zwischen Fremden. Das schließt nicht aus, dass nach der Kennenlernphase auch tiefergehende Gespräche möglich sind. Doch dazu muss man sich ja erst einmal „beschnuppern", miteinander warm werden. Das geht schweigend natürlich nicht. Deshalb fällt der „leichten Konversation" die Funktion

> „Small Talk ist die Kunst des Gesprächs: alles zu berühren und nichts zu vertiefen."
>
> (Oscar Wilde)

des „Eisbrechers" und „Türöffners" zu. Dazu bieten sich reichlich Themen an: Hobby, Sport, aktuelle Ereignisse und Schlagzeilen, Kunst bzw. Kultur, Urlaubserlebnisse, Essen sowie Trinken, Literatur, Theater, Musik, der Ort oder der Anlass der Begegnung. Mit diesen Themen muss der Small Talk also kein hirnloses Geschwätz sein.

Um einen Anknüpfungspunkt für einen Erstkontakt zu finden, eignen sich gemeinsame Interessensgebiete, der Geburts- oder Wohnort und Freizeitaktivitäten. Grundsätzlich sind alle Themen Small-Talk-tauglich, die als angenehm empfunden werden, die die jeweilige Situation nicht belasten und an denen sich möglichst viele beteiligen können.

Es gibt aber auch Tabu-Themen. Nicht Small-Talk-tauglich ist grundsätzlich alles, was negativ belegt oder tendenziös ist. Dazu gehören Krankheiten und Tod, Arztbesuche, politische bzw. religiöse Anschauungen, negative Äußerungen über Anwesende, persönliche Probleme, betriebliche Interna, Geldthemen, Intimes oder plumpe Witze. Und langatmige Monologe machen sehr schnell einsam. Das Ziel des Small Talks, Brücken zu schlagen und ins Gespräch zu kommen, wird damit sicherlich nicht erreicht.

Small Talk, das (wörtlich übersetzt) „kleine Gespräch", ist eine gute Möglichkeit zur Kontaktaufnahme und hilft, Beziehungen anzubahnen oder dient als Aufwärmphase im Gespräch mit Bekannten. Beim Small Talk herrscht ein freundlicher Plauderton, es ist nicht der Zeitpunkt für tiefschürfende Gespräche oder engagierte Appelle. Der Gesprächspartner erwartet Interesse an seiner Person und einen aufmerksamen Zuhörer.

Daher wird der Small Talk von einer positiven Körperhaltung und Mimik beeinflusst, wie ein freundliches Lächeln, Blickkontakt und eine offene positive Gestik. Auch die Distanzzone ist zu wahren; das heißt, dem anderen nicht zu dicht auf die Pelle zu rücken.

So gelingt der zwanglose Gesprächseinstieg

Es wird oft als besondere Hürde empfunden, mit fremden Menschen ins Gespräch zu kommen. Wenn man davon ausgeht, dass es den anderen auch so geht, werden die dankbar sein, wenn sich einer ein Herz fasst und einen Small Talk in Gang bringt. Daher hier einige Formulierungsvorschläge für einen guten Einstieg:

- „Sind Sie das erste Mal hier?"
- „Entschuldigen Sie, wissen Sie wo … ist?"
- „Wie gefällt Ihnen die Umgebung?"
- „Wie schmeckt das, was Sie da gerade essen/trinken?"
- „Haben Sie den Weg gleich gefunden?"
- „Haben Sie gelesen, dass …?"

Über solche Fragestellungen des Einstiegs kann man sich im Vorfeld schon Gedanken machen, die dann zur jeweiligen Situation oder zum Anlass passen.

So beenden Sie unverfänglich ein Gespräch

Es kann auch notwendig werden, eine bestehende Gesprächsrunde wieder zu verlassen. Das ist auch nicht leicht, will man niemanden brüskieren. Formulierungen für einen unverfänglichen Ausstieg sind u. a.:

- „Entschuldigen Sie mich, ich möchte noch mit … sprechen."
- „Bevor ich gehe, noch Folgendes …"
- „Ich möchte mich noch ein wenig umsehen."
- „Ich will nach einem Bekannten Ausschau halten."

Somit gelingt Ihnen ohne Weiteres, das Gespräch elegant zu beenden, und Sie stoßen keinen der anderen Gesprächspartner vor den Kopf.

So bereiten Sie sich auf Small-Talk-Situationen vor

Die Kunst des Small Talks ist erlernbar. Wer keinerlei Scheu hat, auf andere Menschen offen zuzugehen, wird immer Anschluss finden. Wer sich damit allerdings schwertut, sollte sich auf solche Small-Talk-Situationen vorbereiten. Dabei können die folgenden Fragen hilfreich sein:

- Was kennzeichnet die Situation?
- Wer wird anwesend sein?
- Wen kenne ich möglicherweise schon?
- Wen möchte ich kennen lernen?
- Welche Themen kommen in Frage?

Wenn niemand da ist, der Sie mit anderen bekannt machen kann, müssen Sie selbst aktiv werden. Gehen Sie auf eine allein stehende Person zu, grüßen Sie und stellen sich vor.

Oder gesellen Sie sich zu einer Gruppe, stellen sich „stumm" dazu und erweisen Sie sich als guter Zuhörer. Das laufende Gespräch sollte nicht durch Vorstellungs- und Begrüßungszeremonien unterbrochen werden. Wenn Sie ein Stichwort aufgreifen, können Sie sich schnell an dem Gespräch beteiligen oder Sie stellen offene Fragen und signalisieren so Ihr Interesse. Schenken Sie allen Anwesenden Ihre Aufmerksamkeit, seien Sie zu allen gleichermaßen freundlich. Eine solche Small-Talk-Runde können Sie auch wieder verlassen, aber ein einzelner Gesprächspartner sollte nicht allein gelassen werden.

Check-up: So geht's!

- Die „stummen" Signale beachten
- Mit der eigenen Körpersprache Wertschätzung und Respekt ausdrücken
- Echtes Interesse zeigen, W-Fragen stellen
- Namen benutzen
- Öfter Komplimente machen
- Lächelnd „Bitte" und „Danke" sagen
- „Verstärker" einsetzen
- Klar, bestimmt und freundlich die eigenen Wünsche formulieren
- Small-Talk-Themen vorbereiten

Check-up: Und so bitte nie wieder!

- Nicht wirklich zuhören und ausreden lassen
- Desinteresse signalisieren
- Abrupt das Thema wechseln
- Nebentätigkeiten während eines Gespräches
- Das Selbstwertgefühl verbal durch Du-Botschaften verletzen
- Komplimente ablehnen
- „Ja" sagen, wenn „Nein" gemeint ist
- Weichmacher, wie „eventuell", „nur", „eigentlich" usw. benutzen
- Tabu-Themen anschneiden

Die Contenance bewahren

Konflikte gehören zum Leben, sie sind allgegenwärtig. Wir können Konflikte nicht vermeiden oder ihnen aus dem Weg gehen. Aber wir können (müssen) lernen, Konflikte zu bearbeiten bzw. mit ihnen umzugehen, so dass sie keinen Flurschaden anrichten. Gerade in kritischen Situationen ist es wichtig, sich nicht in Machtkämpfe zu verstricken, sondern immer auch die Erwartungen und Bedürfnisse des jeweiligen Gegenübers zu berücksichtigen.

Konflikte konstruktiv annehmen

Konflikte erfreuen sich nicht gerade großer Beliebtheit. Dabei sind sie eine unvermeidliche Erscheinung des Alltags und des Zusammenlebens. Sie haben ihre Ursachen nicht im bösen Willen der Mitmenschen, sie resultieren viel mehr aus unterschiedlichen (subjektiven) Ansichten, Erfahrungen, Werten, Erwartungen, Interessen und Zielen.

Diese Verschiedenheiten an sich sind kein Drama – im Gegenteil, sie machen unser Leben abwechslungsreich und interessant. Dramatisch wird es erst, wenn wir die eigenen Wertvorstellungen und Erwartungen zum Nonplusultra machen, es an Verständnis sowie Toleranz fehlen lassen und versuchen, dem anderen unsere Sichtweise aufzunötigen. So ist Streit vorprogrammiert.

Im Falle eines Konfliktes ist es notwendig, das Gespräch mit dem vermeintlichen „Gegner" zu suchen. Nicht aber, um ihm mal gründlich die Meinung zu sagen, sondern um in Ruhe seine Sichtweise kennen zu lernen. Und je eher dieses Gespräch stattfindet, desto größer sind die Erfolgsaussichten. Denn je mehr sich die Fronten verhärtet haben, desto schwieriger wird die Klärung.

Ein Beispiel: Krauses und Meiers sind Nachbarn in einer gepflegten Wohnsiedlung. Sie haben sich beim Bau ihrer Anwohnerstraße für eine Doppeleinfahrt entschieden, weil Krauses Carport und Meiers Garage unmittelbar nebeneinander liegen. Krauses genießen ihren aktiven Ruhestand, kümmern sich um die Pflege ihres Grundstücks, betreuen ihren Enkel und machen hin und wieder einen Ausflug. Meiers sind beide berufstätig, fahren früh zur Arbeit und kommen selten vor 19.00 Uhr nach Hause, oft wird es bei Herrn Meier auch später. Er stellt dann sein Auto einfach auf der Doppeleinfahrt ab und blockiert damit Krauses Auto. Herr Meier denkt sich, dass Krauses so spät sicher nicht mehr wegfahren wollen, und morgen früh, noch lange bevor Krauses frühstücken, fährt er ja ohnehin wieder zur Arbeit. Krauses ärgert es allerdings, dass allabendlich ihre Zufahrt zugeparkt wird. Sie wollen tatsächlich nicht mehr wegfahren, aber sie fühlen sich eingeschränkt, übergangen und missachtet. Außerdem haben sie ihre Einfahrt ja nicht anlegen lassen und teuer bezahlt, damit der Nachbar einen bequemen Parkplatz hat. Sie trauen sich aber auch nicht, Herrn Meier daraufhin anzusprechen, und so schwelt ein handfester Konflikt heran, der Krauses sehr beschäftigt und von dem Meier nichts ahnt.

In diesem Beispiel wäre es sicherlich besser gewesen, wenn Herr Meier sich bei Krauses das Einverständnis geholt hätte; siehe hierzu auch Kapitel „Umgang mit Nachbarn". Und für Krauses gilt, rechtzeitig das Gespräch mit ihrem Nachbarn suchen. Dann hätten sie erfahren, dass Meier nur aus Bequemlichkeit sein Auto in der Doppeleinfahrt parkt und seine Nachbarn nicht ärgern wollte. Herrn Meier wäre bewusst geworden, dass Krauses seinen Parkplatz als Einschränkung ihrer Bewegungsfreiheit betrachten und sich übergangen fühlen.

In Konfliktsituationen kommt es darauf an, frühzeitig das Gespräch zu suchen, um Missverständnisse **Konflikte nicht aussitzen!** aus der Welt zu schaffen. Dieses Gespräch ist gebunden an die Bereitschaft, vorwurfsfrei zu kommunizieren und der Gegenseite tatsächlich zuzuhören. Die Drei-W-Taktik hat sich dabei durchaus bewährt:

- W wie Wahrnehmung: „ich sehe …", „ich bemerke …", ich höre …" – konsequent als Ich-Botschaften formuliert, denn Du-Botschaften provozieren eine zusätzliche Eskalation.
- W wie Wirkung: „das wirkt auf mich …", „das ärgert mich …" oder „das finde ich nicht gut …"
- W wie Wünsche: „ich wünsche mir …", ich fände es gut …" oder auch „ich erwarte …"

Krause hätte Meier also sagen können: „Hallo Herr Meier. Ich beobachte seit einigen Tagen, dass Sie Ihr Auto auf meiner Zufahrt parken. Das ärgert mich, weil mein Auto damit unbeweglich wird. Ich bitte Sie, meine Zufahrt nicht mehr als Parkplatz zu nutzen." Wahrscheinlich hätte sich Herr Meier entschuldigt und sein Auto anderswo geparkt.

Nicht jeder Konflikt kann tatsächlich auch gelöst werden, manchmal hilft nur noch die räumliche Trennung. Es ist durchaus hilfreich, einen neutralen Gesprächsleiter (Mediator) hinzuzuziehen. Er wird in dem Gespräch durch geeignete Fragen dafür Sorge tragen, dass die Kontrahenten sich aussprechen und ruhig zuhören können.

Wertschätzung auch für schwierige Zeitgenossen

Wir alle haben im Laufe des Lebens unsere Eigenheiten, Gewohnheiten und Marotten ausgeprägt. Dazu kommt noch die charakterliche Veranlagung, die wir nicht so ohne Weiteres ablegen können.

Alle Versuche, andere Menschen zu verändern, sind zum Scheitern verurteilt. Wir können Menschen nicht ändern, sondern uns ihnen nur anpassen und lernen, mit ihren Besonderheiten umzugehen. Manche individuelle Eigenheit hat ja durchaus ihren Charme, wenn man sie zu nehmen weiß.

Chaoten

Der sprichwörtliche Chaot wird sich nicht zum Pedanten mausern. Er ist meist unzuverlässig, kommt zu spät und pflegt seine Unordnung. Es ist zwecklos, sein Chaos ordnen zu wollen. Man kann sich nur vor der Ansteckungsgefahr, die seinem Chaos innewohnt, schützen und den eigenen Herrschaftsbereich abgrenzen.

Choleriker

Diese Menschen haben es ohnehin schon schwer genug, sie stehen auf der Liste der Schlaganfall- und Herzinfarktkandidaten ganz oben. Mit ihnen ist es nicht immer leicht, wenn ihre Eigenart sich austobt. Hier gilt: toben lassen! Auf keinen Fall solche Ausfälle persönlich nehmen.

Intriganten

Intriganten sind gefährlich, sie schießen aus der Deckung oder schleichen sich heimlich an. Damit können sie großen Flurschaden anrichten. Von solchen Zeitgenossen sollte man sich tunlichst fernhalten. Als Vertrauenspersonen kommen sie nicht in die engere Wahl.

Mitläufer

Weit verbreitet ist auch die Spezies der Mitläufer, die sich schnell wandeln können und ihr Fähnchen in jeden Windstoß hängen, der gerade vorbeiweht. Daher ist ihren Aussagen gegenüber ein gesundes Misstrauen angebracht.

Diven

Männliche und weibliche Diven gelten als egozentrisch und nachtragend. Nichts ist ihnen gut genug, denn sie halten sich für den Nabel der Welt. Dem liegt eine Überschätzung der eigenen Möglichkeiten zugrunde. Hier ist äußerste Vorsicht geboten. Man muss sie ja nicht zwangsläufig in den engsten Freundeskreis aufnehmen.

All diese Eigenheiten unserer Mitmenschen können wir nicht beeinflussen. Wir können uns damit nur arrangieren und immer versuchen, die Vorzüge und Vorteile, die sie auch alle haben, in den Fokus zu nehmen. Mitunter ist es aber leichter, schwierigen Menschen einfach aus dem Weg zu gehen.

Wenn es peinlich wird ...

Peinlichkeit kann vielfältige Ursachen haben und wird zumeist ganz unterschiedlich wahrgenommen. Was für den möglichen Verursacher hochnotpeinlich ist, kann von seiner Umgebung ganz anders wahrgenommen werden.

Ein Beispiel: Da ist der Redner hinter seinem Pult, der vor lauter Begeisterung für seinen Redestoff die Kontrolle über seine Gestik verliert und das Wasserglas umreißt. Ihm selbst ist das vielleicht peinlich, seine Zuhörer wird es möglicherweise belustigen – peinlich wird es ihnen nicht vorkommen. Es könnte aber peinlich werden, wenn die Zuhörerschaft das Missgeschick stürmisch beklatscht.

Dieses einfache Beispiel macht zweierlei deutlich: Erstens werden Peinlichkeiten ganz unterschiedlich wahrgenommen, und zweitens kommt es eher darauf an, wie alle Beteiligte mit solchen Missgeschicken umgehen.

Vermeintliche Peinlichkeiten können im Wesentlichen durch zwei Umstände hervorgerufen werden: durch „körperliche Defekte" von der Laufmasche bis zum plötzlichen Niesanfall und durch das Verhalten von Menschen.

Für die Kategorie „körperliche Defekte" gilt: einfach ignorieren, wenn es keine Chance zur Abhilfe gibt. Es ist nicht wirklich hilfreich, eine ansonsten korrekt gekleidete Dame in einer Gesellschaft auf eine Laufmasche hinzuweisen. Das zeugt zwar von einer guten Beobachtungsgabe des Informanten, wird aber auf der anderen Seite nur Unsicherheit auslösen. Auf kleine Fehler, die behoben werden können, sollten wir diskret und taktvoll aufmerksam machen.

Auch der Niesanfall sollte nicht von allen Seiten mit einem lautstarken „Gesundheit!" begrüßt werden. Allerdings sollte sich der Niesende bei der Gesellschaft entschuldigen. Wobei sich diese Regel im Alltag nie ganz durchsetzen konnte und heute auch wieder lockerer gehandhabt wird.

Schwieriger ist der Umgang mit Peinlichkeiten, die durch menschliches Verhalten hervorgerufen werden. Es ist durchaus peinlich, wenn die eigene Tomatensauce auf dem Oberhemd des Tischnachbarn landet. In diesem Falle ist Ignorieren nicht wirklich angebracht. Jeder in der Runde wird das als Missgeschick registrieren, das jedem anderen vielleicht auch hätte passieren können. Hier reicht aber eine einfache Entschuldigung nicht aus. Und schon gar nicht selbst eingreifen und an dem „Opfer" herumreiben. Je nach Schwere des Falls kann zur vorgebrachten Entschuldigung gewissermaßen eine Wiedergutmachung, z. B. die Übernahme der Reinigungskosten, angeboten werden.

Schlimmer sind solche Situationen, in die man aus Unwissenheit oder Gedankenlosigkeit gerät. Da fachsimpeln Kollegen über die Vor- und Nachteile eines neuen Autotyps. Schnell wird klar, dass dieser Wagen nur Nachteile hat und man vom Kauf dringend abraten muss. Was alle nicht wissen, ist, dass derjenige, der eigentlich nur Vorteile benannt hat, eben dieses Auto gestern beim Händler abgeholt hat. Peinlich! Hier kann man eigentlich nur zur Tagesordnung übergehen.

Die Möglichkeiten, in irgendein Fettnäpfchen zu treten, sind sehr vielfältig. Dann brauchen wir Taktgefühl, Rücksichtnahme und/oder eine ehrlich gemeinte Entschuldigung. In besonders schweren Fällen kann auch eine nette Geste in Form einer kleinen Aufmerksamkeit angebracht sein. Die Hoffnung jedenfalls, dass sich in peinlichen Situationen der Boden unter einem öffnen möge, wird sich auch künftig nicht erfüllen.

Check-up: So geht's!

- Konflikte erkennen und rechtzeitig ansprechen
- Mit Ich-Botschaften die Wahrnehmung und Wünsche benennen
- Ist ein Konflikt eskaliert, kann ein neutraler Mediator schlichten
- Nach einem Missgeschick sich entschuldigen, Hilfe und Schadenersatz anbieten

Check-up: Und so bitte nie wieder!

- Andere zu den eigenen Erfahrungen und Werten bekehren
- Still auf Rache sinnen
- Konflikte eskalieren lassen
- Andere Menschen ändern wollen
- Laut „Gesundheit" beim Niesen wünschen
- Eigene Fehler vertuschen

Outfit und erster Eindruck entscheiden

Viele wollen es zwar nicht wahrhaben, trotzdem ist es so: Der erste Eindruck entsteht „stumm" und entscheidet über den Fortgang der Begegnung! In einer Erstbegegnung ist noch kein Wort gesprochen, schon haben wir uns ein erstes Bild vom Gegenüber gemacht. Und dieser erste Eindruck prägt unser Verhalten und unsere Befindlichkeit – ob wir wollen oder nicht. Es ist also wichtig, immer dafür zu sorgen, dass der erste Eindruck möglichst positiv ausfällt.

Wie der erste Eindruck entsteht

Wenn Menschen sich erstmalig begegnen, entscheiden sie in Sekundenschnelle, welche Note der andere auf der Sympathieskala bekommt. Wir können gar nicht anders, weil wir nach Orientierung sowie Sicherheit für unser eigenes Verhalten suchen, und dazu bedienen wir uns zunächst auch der Signale, die der andere aussendet.

Wir nehmen unsere Umwelt mit fünf Sinnen wahr – sehen, hören, riechen, schmecken und tasten. Das erste, was wir von einem Menschen wahrnehmen, der auf uns zukommt, ist seine äußere Erscheinung, seine Optik. Erst dann hören wir seine Stimme, erst dann geben wir ihm (vielleicht) die Hand. Da haben wir ihn aber schon in unser internes Schubladensystem eingeordnet. Daher ist es wichtig, den ersten Eindruck auch sinnvoll zu planen, wenn es sich um eine wichtige Begegnung handelt. Die Kernfrage lautet: Wie will ich wahrgenommen werden? Und das auf alle Fälle ist planbar.

Dass eine schöne Verpackung die Kauflaune fördert, weiß jeder Marketingexperte. Ähnliche Wirkung hat unser Outfit, ob uns das passt oder nicht – unsere jeweilige „Verpackung" ist die Eintrittskarte. Das angemessene Outfit kann Türen aufstoßen, doch umgekehrt kann das falsche Outfit in bestimmten Situationen Türen auch fest verschließen.

„Kleider machen Leute!", sagt der Volksmund.

In dieser Frage muss man zwischen Berufskleidung für den betrieblichen Alltag, besondere Situationen und dem Freizeitbereich unterscheiden. Diese Aussage trifft auf Herren und Damen gleichermaßen zu. Hier gelten allgemeine Regeln und in manchen Unternehmen existiert auch ein Dresscode, der den Kleiderrahmen vorgibt und für die Belegschaft bindend ist. Im privaten Bereich haben wir andere Möglichkeiten, die sich aber auch immer am jeweiligen Anlass orientieren sollten. Ein Shoppingbummel in der City braucht ein anderes Outfit als die abendliche Grillparty im Freundeskreis. Im Privatleben können wir es uns auch eher erlauben, Modetrends zu folgen.

Wie schon Giorgio Armani sagte: „Eleganz bedeutet nicht aufzufallen, sondern in Erinnerung zu bleiben." Deshalb gilt für den beruflichen Alltag eine klassische Eleganz in blau, grau oder anthrazit. Kleidung sollte zudem immer den Bewegungstest bestehen: Sie muss im Gehen, Stehen, Sitzen, Laufen, Bücken, Strecken usw. stets gut aussehen.

Wichtig ist, dass die Kleidung der Situation angepasst ist – seien Sie weder over- noch underdressed. Die Garderobe sollte also immer zur Rolle, zum Anlass und zur Person passen. Sonst fühlt sich auch der Träger oder die Trägerin schnell unwohl inmitten vieler anders gekleideter Menschen. Beruflich getragene Kleidung sollte deshalb nie von der Kompetenz ablenken, sondern sie wirkungsvoll unterstützen. Wichtig ist auch ein tadelloser Zustand der Kleidung.

Todsünden für das berufliche Outfit

Die folgenden kurzen Auflistungen zeigen anschaulich, was Frau und Mann definitiv im Berufsleben vermeiden sollten. Bei den Frauen sind es u. a.:

- zu enge und aufreizende Kleidung
- weite Ausschnitte und Spaghettiträger
- superkurze Miniröcke, Shorts und Leggins
- zu verspielte Kleidung
- zu laute Farben
- zu grelles Make-up
- zu intensives Parfüm
- zu viel nackte Beine und nackter Bauch
- zu viel Schmuck
- T-Shirts ohne Blazer bzw. Jacke

Bei seinem beruflichen Outfit sollte ein Mann folgende Todsün-
den nicht begehen:

- Garderobe, die von oben nach unten heller wird
- Manschetten, die im Ärmel verschwinden
- geöffneter Hemdkragen und gelockerte Krawatte
- weiße Socken
- schmale Lederkrawatten
- helle Krawatten auf dunklem Hemd
- der falsche Schuh zum Anzug: Slipper mit Bommel, graue
  Schuhe, zweifarbige Schuhe (nach 18.00 Uhr keine braunen
  Schuhe)
- Ketten, Armbänder und eine Gelenktasche
- Tempotaschentücher
- Mantelgürtel, der auf dem Rücken zusammengebunden ist

So gelingt ein wirkungsvoller Auftritt

Der Herr trägt zum Anzug ein dezent gemustertes oder weißes Hemd mit langen Ärmeln. Die Ärmel des Oberhemdes sind
immer länger als die Jackettärmel. Der optische Grund dafür ist:
Die herausblitzenden Hemdmanschetten ergänzen den ebenfalls
sichtbaren Hemdkragen. Zusätzlich gibt es auch Hygienegründe:
Das Jackett kann nicht einfach gewaschen werden. Daher sollte
es nicht direkt am Körper anliegen, sondern durch das lang-
ärmelige Hemd geschützt werden.

Nur in Ausnahmefällen wird das Jackett abgelegt. Erst wenn die
jeweils ranghöhere Person dazu das Zeichen gibt, indem sie ihr
Jackett auszieht, dürfen die anderen Herren folgen. Wenn also

in einem Meeting sich der Chef seines Jacketts entledigt, können die Mitarbeiter seinem Beispiel folgen. Sitzen Sie mit einem Gast im Auto, behalten Sie aber das Jackett immer an.

Die Krawatte ist eher unauffällig, ihre Breite orientiert sich an der Halsbreite ihres Trägers. Die Socken passen zur Farbe der Hosen. Mit Schmuck sollten Herren sparsam umgehen. Lediglich ein Ring und die Uhr sind erlaubt. Der Gürtel sollte zu den Schuhen passen, die natürlich eine Ledersohle haben.

Auch Damen orientieren sich im beruflichen Kontext am vorherrschenden Dresscode. Die Klassiker sind und bleiben Kostüm und Hosenanzug in gedeckten, eher dunklen Farben. Dazu eine helle, idealerweise eine weiße Bluse. Zwar können Accessoires das uniformmäßige Einerlei auflockern, allerdings ist hier schon wieder Vorsicht geboten. Es gilt der Grundsatz: Weniger ist mehr. Das gilt auch für das Parfüm!

Schmuck sollte ebenso nur sparsam eingesetzt werden. Mehr als fünf sichtbare Teile können schon überladen wirken. Abends darf der Schmuck größer sein als tagsüber im Büro, aber auch hier gilt die Fünf-Teile-Regel.

Gemusterte Strümpfe oder gar Netzstrümpfe mögen gerade topaktuell sein, im Business haben sie nichts verloren. Sie können schnell den positiven Gesamteindruck ruinieren.

Aufmerksamkeit ist auch der Tasche zu widmen. Ob sie „leben muss", wie Bruce Darnell empfiehlt, spielt hier keine Rolle. Besser ist es, auf klassische Formen und edle Materialien zu achten.

Hilfreich ist auch die Formel: Je größer die Trägerin, desto größer sollte auch die Tasche sein. Zumindest gilt das für den Alltag. Für die Abendgarderobe gilt: Je später der Abend, desto kleiner ist die Handtasche.

All diese Grundregeln schränken die gestalterischen Möglichkeiten für die modebewusste Frau ein. Das ist bedauerlich, aber so sind nun mal die Business-Regeln, und die haben eben Männer gemacht. Männer signalisieren ihre Bedeutung und ihren Platz innerhalb der Hierarchie vor allem auch mit ihrer „Verpackung". Wenn Frau in diesen hierarchischen Strukturen etwas gelten möchte, bleibt ihr nichts weiter übrig, als die geltenden Regeln zu akzeptieren. Und wenn Frau in dieser Liga mitspielen will, darf sie auf Statussymbole nicht leichtfertig verzichten.

Ein Beispiel: Frau Super ist Abteilungsleiterin in einer Versicherungsgesellschaft. Als Dienstwagen fährt sie einen A3. Ihre fachliche Kompetenz steht außer Frage und so wird sie (dank einer Quotenregelung) in den Vorstand berufen. Sie ist eine von sechs (ansonsten männlichen) Vorstandsmitgliedern. Damit steht ihr ein A6 zu, den ihre männlichen Vorstandskollegen auch alle fahren. Frau Super entscheidet sich (typisch Frau) bescheiden, lehnt das größere Auto ab und bleibt bei ihrem A3. Das ist für sie vielleicht praktisch und vernünftig, entspricht aber nicht den Spielregeln der männlichen Kollegen. Die werden Frau Super für ungefährlich halten und nicht ernst nehmen.

Allerdings bleibt die sorgfältig ausgewählte Garderobe wirkungslos, wenn die Trägerin oder der Träger einen ungepflegten Eindruck macht. Da vor allem Kopf und Hände sichtbar sind, gilt ihnen besondere Aufmerksamkeit. Gepflegte Haare sind ein Muss, ein unrasierter Männernacken ist ein „no go". Das gilt auch für die Hände. Die natürlichen Finger-nägel sind sauber und sorgfältig geformt. Die Schuhe sind zu jeder Zeit geputzt und an keiner Stelle sind Gebrauchsspuren sicht-bar. Immer kommt es darauf an, durch die geeignete „Verpackung" die Kompetenzen

Eine sorgfältig ausgewählte Garderobe und ein gepflegtes Äußeres sind entscheidend.

bestmöglich zu unterstreichen. Dabei gilt aber auch, seinen eigenen Stil zu finden und sich nicht zu verkleiden. Vorsicht aber mit Piercings und Tattoos: Diese mögen cool sein, können aber die berufliche Kompetenz unterlaufen.

Allerdings ist das von Branche zu Branche sehr verschieden. Michelle Hunziker trägt am rechten Arm ein Tattoo, daran wird sich niemand stören. Wären wir aber auch bereit, bei einem Finanzberater unser Erspartes anzulegen, wenn der uns mit einem Piercing in der Augenbraue berät? Auch hier gilt es, den Zusammenhang zwischen äußerer Darstellung und vermuteter Kompetenz zu beachten. Wohlgemerkt: Das sind Regeln, die im Geschäftsleben gelten. Privat hat jeder die Freiheit, sich so zu schmücken, wie es dem eigenen Gusto entspricht.

Noch ein Wort zum Thema Taschentücher. Bei einer Erkältung sind Papiertaschentücher ein Muss. Sie sollten in ausreichender Zahl zur Verfügung stehen. Die benutzten Taschentücher wer-den nicht im nächsten Papierkorb entsorgt, der damit zur Brut-stätte der ansteckenden Erreger werden kann. Ansonsten sind Stofftaschentücher zu verwenden. Sie sind eleganter und bei festlichen Anlässen obligatorisch. Damen tragen sie in der Handtasche, Herren tragen sie leicht zusammengeschlagen in der inneren Jackettasche. Natürlich sind sie täglich zu wechseln.

Kurzum: Mit der situationsgerechten Kleidung signalisieren wir auch Respekt und Wertschätzung für unsere Umgebung. Ihre Kollegen und Mitarbeiter können erwarten, dass Sie gepflegt ins Büro kommen. Näheres zum Dresscode im Berufsleben erfahren Sie im Kapitel „Wenn Geschäftspartner kommen".

Check-up: So geht's!

- Den „ersten Eindruck" bewusst positiv gestalten
- Das Outfit nicht dem Zufall überlassen
- Den gültigen Dresscode beachten
- Den eigenen Stil finden
- Die Fachkompetenz durch die äußere Erscheinung fördern

Check-up: Und so bitte nie wieder!

- Die Wirkung der Erscheinung unterschätzen
- Sich verkleiden
- In der Öffentlichkeit ungepflegt erscheinen
- Over- oder underdressed zum Blickfang werden

Persönliches Zeitmanagement optimieren

Die Zeiten sind hektisch und schnelllebig, heißt es. Wir hetzen von Termin zu Termin und haben den Kaffee „to go" erfunden. Da gerät ein freundlicher Umgang miteinander schnell unter die Räder – verbunden mit den Worten „Keine Zeit!". Zeit ist aber ein kostbares Gut und steht uns auch nur begrenzt zur Verfügung. Gerade deshalb kommt es darauf an, mit der eigenen Zeit und vor allem auch mit fremder Zeit sorgsam umzugehen.

„Ich habe keine Zeit!"

Wie oft hören Sie diesen Satz? Er steht auf der Hitliste der Ausreden ganz oben und ist dennoch oft nur eine Lüge. Zeit verschwindet nicht in schwarzen Löchern und sie entzieht sich auch nicht. Viele haben dennoch beständig das Gefühl, zu wenig Zeit für die zahlreichen Anforderungen und Vorhaben zu haben.

Wir müssen uns bei einem Überangebot von verschiedenen Möglichkeiten immer entscheiden. Wir können in einem Kino nicht gleichzeitig alle zwölf Filme, die angeboten werden, ansehen – wir müssen uns definitiv für einen entscheiden. Das kann man bedauern, ist dennoch nicht zu ändern.

Ähnlich verhält es sich mit dem Wunsch nach „Multitasking". Auch das wird ein Wunsch bleiben. Dafür ist unser Gehirn nicht konstruiert und unsere Konzentrationsfähigkeit ist nicht teilbar. Ich kenne niemanden, der sich einen Krimi im Fernsehen ansieht, parallel dazu einen spannenden Krimi liest und mir dann am Ende die Täter beider Krimis benennen könnte.

Und so hetzen wir durchs Leben, immer getrieben von Anforderungen und Termindruck. Wir sind ständig erreichbar, können die elektronischen Geräte nicht aus- und selber nicht mehr abschalten. Mit fatalen Folgen für die Gesundheit. Eine DAK-Studie hat ergeben, dass in den Jahren von 1997 bis 2004 die Zahl derer um 70 Prozent gestiegen ist, die sich mit psychischen Beschwerden wie Depression oder Burnout krank melden mussten.

Wenn die Zeit wieder mal knapp wird, gebietet es die gegenseitige Achtung, auch eine Begründung anzugeben. Im Klartext meint der Satz „Ich habe keine Zeit!" entweder „Ich habe dafür keine Zeit!" oder „Ich habe für Dich keine Zeit!". Natürlich können wir nicht jede Herausforderung, die Ansprüche an unsere Zeit stellt, annehmen. Aber wir sollten uns die Zeit nehmen, unsere Absage nachvollziehbar zu begründen. So viel Zeit muss sein!

Es kommt darauf an, die zur Verfügung stehende Zeit richtig zu nutzen.

Bleibt aber auch die Frage, ob wir die Zeitknappheit nicht nur als billige Ausrede benutzen. Hinter dem Zeitproblem verstecken sich nicht selten wirkliche Probleme und Herausforderungen. Das hat mit der individuellen Prioritätensetzung zu tun. Wir kommen nicht zu dem, was uns wichtig ist, weil andere es nicht zulassen. Wir rennen allen möglichen vermeintlich dringenden Verpflichtungen hinterher und bringen uns um die Lebensqualität. Es wird Zeit, sich wieder auf die wichtigen Dinge im Leben zu konzentrieren: Zeit mit der Familie, gemeinsame Mahlzeiten an einem liebevoll gedeckten Tisch, sich Zeit nehmen für Gespräche mit dem Partner, ihm konzentriert zuhören.

Wenn ich Seminarteilnehmer frage, was das Wichtigste in ihrem Leben ist, höre ich oft: „Die Familie!" Die zweite Frage „Wie viel Zeit hast Du in der letzten Woche in das Wichtigste in Deinem Leben investiert?" führt meist nur zu betretenem Schweigen.

Pünktlichkeit im Handyzeitalter

Pünktlichkeit – heißt es – sei die Höflichkeit der Könige. Das mag so sein. Auf jeden Fall ist es ein Ausdruck von Achtung und Wertschätzung anderen gegenüber. Im Handyzeitalter besitzen wir eine größere zeitliche Flexibilität. Ich muss mich zu einem Date nicht mehr mit Zeitpunkt und Ort verabreden, denn man kann sich auch spontan „zusammentelefonieren". Aber es gibt auch Bereiche, in denen die Angabe genauer Uhrzeiten ein Muss ist. So sollte der Fahrplan der Bahn verlässlich oder der Beginn kultureller Veranstaltungen fixiert sein.

Wer einen Termin hat, sollte den auch einhalten. Wenn das nicht machbar ist, weil ein dringendes Telefonat uns aufhält, wir mal wieder im Stau stehen, die Bahn bummelt, der Flieger nicht abhebt, kein Parkplatz zu finden ist oder der Babysitter sich mal wieder verspätet, sollte diese Verspätung unbedingt gemeldet werden. Ein kurzes Telefonat beim Terminpartner – mit der Ankündigung der zu erwartenden Verspätung, einer Entschuldigung und der Angabe des Grundes für die Verzögerung – muss sein. Das signalisiert dem anderen auch unsere Aufmerksamkeit und dass wir ihn und die gemeinsame Absicht ernst nehmen. Außerdem eröffnet es dem Terminpartner oder Gastgeber die Chance, die entstandene Wartezeit sinnvoll zu nutzen. Kommen wir dann doch endlich an, wird natürlich die Entschuldigung mit der Angabe des Verspätungsgrundes nochmals wiederholt.

Besser wäre natürlich in jedem Falle so zu planen, dass für unvorhergesehene Verzögerungen ein Zeitpuffer vorgesehen ist.

Für mögliche Verzögerungen sind Zeitpuffer einzuplanen. Wird dieser Zeitpuffer nicht ausgeschöpft, weil alles reibungslos klappt, entsteht eine Wartezeit. Pünktlich heißt: keine Minute zu spät, aber auch nicht mehr als zehn Minuten vor dem vereinbarten Zeitpunkt. Wesentlich früher anzukommen, ist auch grob unhöflich. Das gilt sowohl für private Einladungen wie für Geschäftstermine.

Man muss sich nur mal vorstellen, Sie kommen eine Stunde vor dem geladenen Termin zu einem privaten Fest. Die Gastgeber stecken in den letzten Vorbereitungen, sind vielleicht noch dabei, den Tisch zu decken … und da kommen die ersten Gäste. Das ist für alle Beteiligten nicht angenehm. Der Gastgeber wird aber natürlich 15 Minuten vor dem angegebenen Termin empfangsbereit sein.

Zeitangaben bei Einladungen beachten

In Einladungen sollte immer eine genaue Angabe erfolgen. Die heißt entweder „um 19.00 Uhr" oder „ab 19.00 Uhr". Solche Vorgaben sind dann einzuhalten.

Bei der minutengenauen Einladung ist pünktliches Erscheinen Pflicht. Die Angabe der Uhrzeit in einer Einladung zu einer kirchlichen Trauung ist bindend. Hier gilt es sogar, etwas eher da zu sein, um rechtzeitig die Plätze in der Kirche einnehmen zu können. Bei der „ab"-Einladung haben wir die Wahl, da wahrscheinlich kein warmes Drei-Gänge-Menü zu erwarten ist.

Bei Meetings immer pünktlich sein!

Die Forderung nach Pünktlichkeit gilt natürlich auch für einberufene interne Meetings. In der Einladung sind Uhrzeiten für den Beginn und das geplante Ende angegeben. Diese Zeiten sind bindend.

Leider halten sich viele Meetingverantwortliche selbst nicht an diese Zeitvorgaben und warten mit der Eröffnung ihres Meetings, bis der letzte Teilnehmer eingetroffen ist. Das hat fatale Folgen: Erstens fühlen sich die Pünktlichen nicht wertgeschätzt und müssen nun wertvolle Zeit „verwarten". Zweitens ziehen sie daraus möglicherweise auch die Schlussfolgerung, beim nächsten Meeting selbst zu spät kommen zu dürfen. So kann die Anfangswartezeit kontinuierlich immer länger werden. Und drittens zerstört es die Autorität des Meetingverantwortlichen, der tatenlos solche Verspätungen hinnimmt.

Check-up: So geht's!

- Prioritäten setzen
- Zeit richtig einteilen
- Termine einhalten und pünktlich sein
- Den eigenen Zeitmangel begründen
- Exakte Zeitangaben machen

Check-up: Und so bitte nie wieder!

- Dinge gleichzeitig erledigen
- „Ich habe keine Zeit!" als Begründung nutzen
- Verspätungen ohne Entschuldigung
- Über die Zeit Dritter hemmungslos entscheiden
- Zusagen nicht einhalten

Telefon, Handy, E-Mail & Internet

Moderne Kommunikationsmittel prägen unseren Alltag – von jedem Ort können wir mit der Welt in Kontakt treten. Wir haben uns von festen Installationen abgenabelt, sind schnurlos unterwegs und doch erreichbar. Das eröffnet neue Möglichkeiten, stellt aber auch besondere Anforderungen an den Umgang mit der modernen Informationstechnologie.

Am Telefon

Wir können uns den Alltag ohne Telefon gar nicht mehr vorstellen. Allerdings sind auch für den Umgang mit modernen Kommunikationsmitteln Regeln zu beherzigen.

Jeder Anruf ist eine Einmischung in eine unbekannte Situation. Daher ist eingangs die Frage angebracht, ob der Zeitpunkt gerade passend ist oder ob das Gespräch besser zu einem anderen Termin geführt werden sollte. Damit wird dem Angerufenen auch Wertschätzung signalisiert. Bei dienstlich/beruflich begründeten Telefonaten sind die Gepflogenheiten der jeweiligen Branche zu berücksichtigen. Einen Handwerksbetrieb wird man eher zwischen 7.00 und 16.00 Uhr erreichen, eine Bank kaum vor 9.00 Uhr. Generell gilt: keine dienstlich begründeten Telefonate am Sonntag! Berufliche Belange können fast immer auch bis zum Montag warten und dann in der regulären Dienstzeit besprochen werden.

Der Einsatz eines Anrufbeantworters bietet die Chance, Informationen auch in Abwesenheit zu erhalten. Die Ansage auf dem Anrufbeantworter sollte deutlich verständlich sein und mit der Nennung des Namens besprochen werden. Wer auf dem Anrufbeantworter eine Nachricht hinterlässt, sollte sich kurz fassen und eine Rufnummer für einen Rückruf hinterlassen. Die angesagte Rufnummer bitte langsam zum Mitschreiben ansagen. Es ist ärgerlich, wenn eine Rufnummer heruntergerattert wird und der Empfänger die Nachricht mehrmals abhören muss, um die genannte Telefonnummer zu notieren.

Muss ein Anrufer vertröstet werden, weil sein gewünschter Gesprächspartner gerade nicht da ist, sollte das positiv formuliert werden. Statt: „Frau Meier ist nicht da!" besser: „Frau Meier ist erst ab 14.00 Uhr wieder erreichbar."

Wenn Telefonate intern weitergeleitet werden, gilt es dem Anrufer mitzuteilen, mit wem er verbunden wird. „Ich verbinde Sie mit Herrn Krause aus der Kundenabteilung, der Ihre Fragen beantworten kann." Und Herr Krause bekommt natürlich eine Information, wer ihm da gerade durchgestellt wird.

Ständig und überall erreichbar zu sein, ist dank moderner Kommunikationsmittel möglich geworden. Aber hier liegen Fluch und Segen eng beieinander. Öffentlich geführte Privatgespräche können zur (Lärm-)Belästigung für die Menschen in der Umgebung werden. So erfahren sie intime Details, die sie nichts angehen und die sie auch gar nicht hören wollen. Mitunter werden auch (verbotenerweise) betriebliche Interna in der Öffentlichkeit diskutiert. Und auch beim Umgang mit dem Handy sollten einige Regeln berücksichtigt werden.

Müssen wir ständig und überall erreichbar sein?

Handys im öffentlichen Raum

Wir können ständig erreichbar sein: Zu Hause, am Arbeitsplatz, im Auto, im Restaurant, auf der Parkbank ... überall und ständig kann das Handy klingeln. Koste es, was es wolle – Hauptsache erreichbar. Dabei sind die Telefonkosten nicht einmal der ausschlaggebende Faktor. Viel höher sind die Kosten, die die Mitmenschen zahlen müssen, die gezwungenermaßen Zeuge intimster Gespräche werden. Die Ergebnisse des Gesprächs mit dem Scheidungsanwalt werden gleich in der S-Bahn an die Freundin weitergegeben. Es ist anscheinend auch nicht mehr peinlich, pikante Details öffentlich auszusprechen. Vor der Käsetheke stehend kann der Liebste gleich nach seinem Käsegeschmack befragt werden. In den Zügen des Fernverkehrs sind es eher die dienstlichen Belange, die öffentlich kundgetan werden. Da ist von Verkaufserfolgen die Rede, von Idioten, die alles verbocken, von Kunden, die sich über den Tisch haben ziehen lassen, und von Kolleginnen/Mitarbeiterinnen und ihrem Outfit.

Aber der Ärger beginnt ja schon mit den Klingeltönen. Von Tierstimmen bis zu Nationalhymnen reicht das Spektrum. Ein Berliner Busfahrer reagierte unlängst sehr erschrocken, da der eingehende Anruf für einen seiner Fahrgäste sich mit dem Sondersignal eines Krankenwagens bemerkbar machte. Das kann durchaus einen Berufskraftfahrer irritieren und leicht ins Auge gehen.

Grundsätzlich gilt: Dort, wo sich Menschen auf engstem Raum mit einer gemeinsamen Absicht versammeln, sollten Handys schweigen. Dafür kann ein Handy ohne Weiteres auf stumm geschaltet werden, so dass es nur vibriert. Somit stört ein Klingelton nicht die nächste Umgebung, z. B. in vollen Zügen und Bussen, im Kino, im Konzert oder Theater, in Meetings, in Restaurants und medizinischen Einrichtungen. Im Flugzeug ist der Gebrauch von Handys ohnehin verboten, was hoffentlich auch so bleibt. Immerhin wünschen sich 92 Prozent der Deutschen mittlerweile Verbotszonen für Mobiltelefone. Das deutet auch darauf hin, dass man sich gestört und belästigt fühlt.

Für den Umgang mit Handys gilt gegenseitige Rücksichtnahme. So können Handys auch leise gesprochene Botschaften übermitteln. Wer abends im Freundeskreis beim Lieblingsitaliener einen wichtigen Anruf erwartet, kann das ankündigen und für Verständnis werben. Wenn sich das Ding **Gerade für die Handynutzung gilt: Rücksichtnahme!** dann (hoffentlich) stumm bemerkbar macht, sollte mit einer Entschuldigung der Tisch verlassen werden. So hält sich die Störung für die anderen Gäste in Grenzen.

Grundsätzlich gilt: Wird ein wirklich wichtiger Anruf erwartet, ist der in einer Gesprächssituation, vor allem im beruflichen Bereich, anzukündigen.

Ein Beispiel: Zu Beginn eines mehrtägigen firmeninternen Seminars kam einmal ein junger Mann mit der Ankündigung zu mir: „Ich werde mein Handy anlassen. Wir sollen in dieser Woche unser erstes Kind bekommen. Das möchte ich nicht verpassen." Es versteht sich von selbst, dass der junge Vater sein Handy ständig im Auge hatte. Am dritten Seminartag war es so weit. Er nahm sein Handy und verließ den Raum. Kurz darauf kam er wieder und verkündete: „Es ist so weit, ich bin dann mal weg!"

Auch persönliche Gespräche sollten nicht durch das klingelnde Handy oder angenommene Telefonate unterbrochen werden. Es ist ein Zeichen von Missachtung für den jeweiligen Gesprächspartner, der sich in solchen Momenten vollkommen unwichtig vorkommt.

Das beginnt schon damit, dass das dienstbereite Handy griffbereit zur Verfügung steht, möglicherweise sichtbar auf dem Tisch liegt und der Gesprächspartner ständig ein Auge darauf hat und damit auch den Blickkontakt unterbricht, um möglichst keine Reaktion seines Handys zu verpassen. Ein solches Verhalten signalisiert: „Du bist mir nicht wirklich wichtig!" Das gilt auch für das Empfangen, Lesen und Beantworten von SMS.

Telefonate aus dem Mobilfunknetz sind teurer als die Nutzung des Festnetzes. Dieser Aspekt ist auch zu berücksichtigen, wenn ein Annahmetext für die Mailbox formuliert wird. Und eigentlich ist er völlig überflüssig, denn der Telefonanbieter aktiviert die Mailbox automatisch, wenn ein Anruf nicht angenommen wird.

Für Diensthandys gelten die gleichen Telefonzeiten wie für Festnetzanschlüsse, also die üblichen Bürozeiten. Damit sollten die Abendstunden und die Wochenenden tabu sein. Auch Dienstreisende haben ein Recht auf Privatleben.

Die SMS als Kurznachricht

Selbst die Bundeskanzlerin steht per SMS mit ihrem Mitarbeiterstab in Verbindung. Aber sie käme wohl nicht auf die Idee, in einem Gespräch mit einem anderen Regierungschef ihr Handy zu zücken und die eingegangenen SMS zu beantworten. Das gilt übrigens nicht nur auf oberster Regierungsebene. Es ist schlicht schlechtes Benehmen, während eines persönlichen Gesprächs SMS zu lesen oder zu beantworten.

Außerdem hat diese Form der Kurzmitteilung hierzulande nicht den besten Ruf, oder schreiben Sie an Geschäftspartner SMS? Das hängt auch mit den technischen Möglichkeiten zusammen, die nur bedingt verbale Höflichkeitsformeln zulassen.

Jedoch hat die SMS bei der „Daumengeneration" scheinbar schon traditionelle Möglichkeiten abgelöst. Aus dem Urlaub kommt statt einer bunten Postkarte mit handschriftlichen Urlaubsgrüßen eine SMS. Allerdings hat die keinen bleibenden Wert, vermittelt letztendlich nur eine flüchtige Information.

Ein Beispiel: Ich bin beruhigt, wenn mir meine Tochter nach der Autofahrt nach Südfrankreich per SMS mitteilt, dass sie angekommen ist und das Zelt steht. Ich freue mich aber, wenn ich Tage später eine bunte Postkarte mit einer französischen Briefmarke und herzlichen Urlaubsgrüßen bekomme. Die Karte wird natürlich sofort an die Pinnwand in der Küche gehängt.

Ähnlich verhält es sich mit Glückwünschen zum Geburtstag. Im engsten Freundeskreis mag das okay sein, kann es aber mit einer handschriftlichen Glückwunschkarte nicht aufnehmen. Wichtig ist, dass die eingehenden Glückwünsche auch beantwortet werden. Das sollte auch für die SMS gelten.

Die SMS hat aber einen bedeutenden Vorteil: Die Nachrichtenübertragung geschieht (fast) lautlos, damit werden andere Mitmenschen nicht so belästigt wie durch Telefonate. Aber auch die betriebsbedingten Töne können nerven. Daher bitte in geschlossenen Räumen, einem Zugabteil beispielsweise, den Sendequittungston deaktivieren.

Wo Licht ist – ist auch Schatten: Jede Form der schriftlichen Kommunikation ist ungeeignet, nonverbale Kommunikationssignale zu übertragen. Freude und Ärger können wir dem Gesprächspartner im direkten Kontakt ansehen. Bei SMS- und E-Mail-Kontakten fällt diese Möglichkeit weg. Das ist sicher auch ein Grund, dass sich für die Schriftform allerlei Hilfskonstrukte in Form von Abkürzungen entwickelt haben, die diesen Mangel ausgleichen sollen. Wenn in einer SMS „LMAO" auftaucht, lacht sich der Sender gerade schlapp. „ROFL" hat eine ähnliche Bedeutung. Wenn allerdings „STFU" zu lesen ist, wurde Ihnen gerade der Mund verboten. Diese aus dem Englischen abgeleiteten Kürzel können vor allem beim Chatten Zeit sparen helfen. Aber höflicher, wertschätzender Umgang miteinander geht anders!

Regeln für den Umgang mit E-Mails

E-Mails bieten die Möglichkeit, Informationen in jeder Form schnell weltweit zu verbreiten. Kein Wunder, dass diese Art der modernen Post längst auch im privaten Bereich Einzug gehalten hat. Nach Angaben des Statistischen Bundesamtes nutzten 2009 73 Prozent der Bevölkerung ab zehn Jahren das Internet – Tendenz weiter steigend. Weltweit wurden in 2008 ca. 210 Milliarden E-Mails verschickt.

Die Entwicklung der Informationsgesellschaft hat einen völlig neuen Typus von Mitarbeitern hervorgebracht: den Wissensarbeiter (knowledge worker). Er arbeitet mit Informationen, Ideen und seinen fachspezifischen Kenntnissen an einem PC-Arbeitsplatz. Der Wissensarbeiter ist das Ergebnis des Wissenszeitalters, in dem Kreativität und Innovation gefragt sind. Aber keine Vorteile ohne Nachteile: So ist die Bearbeitung der zahlreichen E-Mails für viele längst auch zu einem Zeitfresser geworden. Wissensarbeiter fühlen sich heute gezwungen, ständig erreichbar zu sein und verbringen wertvolle Arbeitszeit mit ihrem elektronischen Postfach. E-Mails lesen, sortieren, bearbeiten, teilweise ausdrucken, beantworten, weiterleiten, löschen und schließlich strukturiert ablegen beansprucht viel Zeit.

Klare Regeln erleichtern den Umgang mit moderner Informationstechnologie.

Das Ganze besitzt durchaus Suchtpotenzial, ständig haben wir Angst, etwas zu verpassen, wir sind süchtig nach immer neuen Informationen. So verändert die elektronische Welt auch unser Verhalten. Deshalb brauchen wir Regeln, um im Umgang mit

den Mitteln der modernen Informationstechnologie die Ober-
hand zu behalten und nicht völlig mit ihr unterzugehen.

Erste Regel

Schränken Sie den Gebrauch ein und stehen Sie nicht ständig online unter Strom. Es gilt, den Signalgeber für eingehende
Mails zu deaktivieren und feste Lesezeiten einzuführen.

Nach Möglichkeit sollte der Arbeitstag nicht mit dem Öffnen des
elektronischen Postfachs beginnen. Auf dem Schreibtisch liegen
sicher wichtigere Aufgaben, die ergebnisorientiert bearbeitet
werden müssen. Da sollte die Ablenkung durch immer neue Informationen außen vor bleiben.

Zweite Regel

Die Bearbeitung der elektronischen Post ist kein Lückenfüller
für zwischendurch. E-Mails nur zu checken („Wer schreibt mir
denn?") ist vertane Zeit. E-Mails nicht nur aus Neugier prüfen,
sondern wirklich bearbeiten bedeutet:

- Aufgaben und Termine in das eigene Planungssystem übernehmen
- Mails beantworten (was in 48 Stunden nicht beantwortet
  wurde, wird überhaupt nicht beantwortet)
- E-Mails strukturiert ablegen (der Bereich Posteingang dient
  nur dem Eingang neuer Mails, nicht ihrer Lagerung)
- Alles löschen oder weiterleiten, was nicht wirklich gebraucht
  wird (Mut zur Lücke spart Zeit)

Dritte Regel

Nutzen Sie die Betreffzeile für einen inhaltlichen, themenbezogenen Hinweis. Das erleichtert dem Empfänger die Einordnung und Zuordnung. Kurznachrichten können gleich in die Betreffzeile geschrieben werden. Wenn am Ende dann ein „eom" (für „end of message") oder „oT" (für „ohne Text") eingegeben wird, muss der Empfänger nicht lange nach der Nachricht suchen.

Vierte Regel

Verteiler machen nur Sinn, wenn sie wirklich zutreffend und vor allem aktuell sind. Viele klagen über die tägliche E-Mail-Flut. Wir sind aber nicht nur Opfer, sondern auch Täter. Durch unser Verhalten sorgen wir mit dafür, dass immer mehr Informationen in Umlauf kommen.

Fünfte Regel

Es gibt auch noch Alternativen zur E-Mail. Manchmal ist es besser zu telefonieren, als unzählige E-Mails hin- und herzuschicken. Eine Terminabsprache lässt sich oftmals per Telefon schneller und besser treffen als mit Vorschlägen per Mail.

Sechste Regel

Auch bei dieser rasanten Form des Informationsaustauschs gelten die Grundregeln des guten Benehmens. Die Verwendung einer Anrede ist wertschätzender für den Empfänger, als ohne Anrede (und damit ohne Würdigung der Person) mit der Tür ins

Haus zu fallen. Zumindest für ein kurzes „Hallo" sollte immer Zeit sein. Jede Mail endet selbstverständlich mit einer Grußformel am Ende, nur niemals mit der Abkürzung „Mfg" (für „Mit freundlichen Grüßen"). Der Gebrauch dieser drei Buchstaben signalisiert dem Empfänger, dass er nicht wichtig ist. Deshalb bitte Grußformel immer ausschreiben.

Jeder Text sollte zudem fehlerfrei versendet werden. So viel Zeit sollten wir uns nehmen. Mal abgesehen davon, dass die schnellen Tippfehler auch der eigenen Kompetenz und Glaubwürdigkeit schaden.

Das gilt auch für die Groß- und Kleinschreibung. Es mag cool sein, in Mails auf die Großbuchstaben zu verzichten, guter Stil ist es nicht – vor allem deshalb nicht, weil das **Im E-Mail-Verkehr gelten die Regeln der Rechtschreibung.** Lesen eines nur kleingeschriebenen Textes mehr Zeit in Anspruch nimmt. Wir sind es eben gewohnt, einen Text möglichst schnell auch dadurch zu erfassen, dass wir uns an der Groß- und Kleinschreibung orientieren. Wenn alle Buchstaben jedoch kleingeschrieben sind, helfen die antrainierten Sehgewohnheiten nicht weiter. Wir lesen mühsam Wort für Wort.

Siebente Regel

Per E-Mail können schnell nüchterne Sachinformationen übermittelt werden. Die Übertragung von Gefühlen ist unmöglich. Daher gilt: Streitigkeiten nie über die elektronischen Briefkästen austragen. Hier ist das Telefon die deutlich bessere Wahl, wenn schon ein persönliches Gespräch nicht möglich ist.

Knigge für Facebook, Twitter & Co.

Die schnelle Entwicklung sozialer Netzwerke im weltweiten Netz wirft natürlich auch die Frage nach Regeln für die Nutzung und den Umgang mit diesen Plattformen auf. Zwei allgemeine Bemerkungen vorab: Erstens wandern Daten, die über das Internet ausgetauscht werden, von einem Netzcomputer zum anderen. Der Weg dazwischen ist nicht immer sicher. Daher sollten sensible Daten (Bankverbindungen, Kreditkartennummern) nur über gesicherte Internetverbindungen übertragen werden. Und zweitens sollte jeder wissen, dass wir mit der Nutzung des Internets auch Spuren hinterlassen, die der nächste Regenguss mit Sicherheit nicht wegspült. Das World Wide Web vergisst nichts, es kann mit dem gespeicherten Wissen auch neues Wissen erschaffen. So entsteht der „gläserne Surfer". Machen Sie den Test: Geben Sie einfach mal bei Google Ihren Namen ein. Da werden Sie vielleicht staunen, was das Netz alles über Sie anbietet.

Grundsätzlich sind alle Verhaltensweisen, die in der realen Welt sanktioniert werden, auch im Internet verpönt. Schmähkritiken, Beleidigungen und Beschimpfungen, Verleumdung usw. sind genauso strafbar wie im realen Leben auch. Da kann man sich nicht auf sein Recht zur freien Meinungsäußerung berufen. Also auch in der virtuellen Welt gelten Regeln des guten Benehmens, wie anderen Menschen mit Respekt, Wertschätzung und Achtsamkeit zu begegnen. Und Begegnungsmöglichkeiten sind im World Wide Web in großer Zahl gegeben. Für jede Zielgruppe und jede individuelle Zielstellung finden sich Angebote. Zu den bekanntesten

Auch in der virtuellen Welt gelten Regeln des guten Benehmens.

Plattformen gehören „facebook.com", „stayfriends.de", „schue-
lervz.net", „xing" und „wer-kennt-wen.de". Auf diesen Seiten
geht es um die Selbstdarstellung, das Finden bzw. Pflegen von
Kontakten. Networking ist in!

Die Kehrseite der Medaille: Das alles kostet viel Zeit, die dem
realen Leben entzogen wird. Eine Seminarteilnehmerin sagte
unlängst in einem Zeit- und Selbstmanagementseminar: „Ich
habe Facebook und Xing wieder verlassen. Die Zeit verbringe ich
lieber mit meinen realen Freunden im wirklichen Leben." Nach
einer Studie der Landesanstalt für Medien in Nordrhein-West-
falen nutzen fast 70 Prozent der 12- bis 24-Jährigen mehrmals
pro Woche die sozialen Medien. Dabei verbringen sie rund zwei
Stunden im Internet.

Weitere Millionen von Menschen tummeln sich täglich weltweit auf diesen sogenannten sozialen Plattformen. Da ist es gut,
dass sich der Deutsche Knigge-Rat mit Normen und Regeln für
die Kontaktpflege in der bunten Medienwelt beschäftigt hat. Der
„Social-Media-Knigge 2010" fasst zehn Grundregeln zusammen:
  1. Die jeweilige Plattform sorgsam auswählen. Nicht jedes
     Netzwerk ist für alle gleichermaßen sinnvoll. Die Auswahl
     sollte sich an den Kosten, den Datenschutzbestimmun-
     gen, der Popularität der Netzwerke und natürlich am per-
     sönlichen Nutzen orientieren. Auch die Frage, ob die Seite
     beruflich oder privat genutzt werden soll, spielt für die Aus-
     wahl eine entscheidende Rolle. Beides sollte nicht mitein-
     ander vermischt werden. Zu der beruflichen Nutzung, mit
     der neue Kunden angeworben werden sollen, passen die
     privaten Fotos vom Urlaub auf Ibiza nicht.

2. Erschaffen Sie sich keine fiktive Identität, bleiben Sie Sie selbst. Eine Nachbarin erzählte mir unlängst, dass sich eine entfernte Bekannte im Netz als Bäuerin mit eigenem Hof darstellt. Da sie im wirklichen Leben als Bankerin arbeitet, musste die Frage nach dem Warum? unbeantwortet bleiben. Da sich das Netz auch selbst vernetzt, kann es fatale Folgen für die Glaubwürdigkeit haben, wenn eine Person mit unterschiedlichen Identitäten auftritt.

3. Den Freundeskreis überlegt auswählen und plumpe Vertraulichkeiten vermeiden. Strikt zwischen den privaten Kontakten und den beruflich motivierten Verbindungen trennen.

4. Unerwünschte Anfragen dürfen und sollten abgelehnt werden. Wer einen Kontakt nicht möchte, kann ihn taktvoll auch ablehnen. Es sind genug User im Netz, die Kontakte sammeln. Sie handeln nach dem Motto „Masse statt Klasse".

5. Die eigenen Kontakte („Freunde") nicht mit sinnfreien Angeboten bzw. Anwendungen nerven.

6. Auch im Netz gilt es, freundlich und wertschätzend zu bleiben. Nicht jeder möchte gleich mit dem vertraulichen „Du" angesprochen werden. Geschäftspartner schon gar nicht. Kontaktanfragen werden mit einer korrekten Anrede und einem höflichen Abschiedsgruß beantwortet.

7. Einträge auf der eigenen Pinnwand sollten nicht gelöscht werden. Erst recht nicht, wenn es sich dabei nicht um ein Kompliment handelt. Eine humorvolle Reaktion dagegen verdeutlicht Ihre Souveränität. Entscheidend ist nicht der Eintrag an sich, sondern die Reaktion.

8. Die eigenen Kontakte wollen gehegt und gepflegt werden. Mindestens einmal pro Woche sollten die Nachrichten überprüft und beantwortet werden. Sonst reißt der Kontakt ab.

9. Die eigenen Einträge gut überlegen. Das Netz vergisst nichts. Da kann es peinlich werden, wenn ein impulsiver Eintrag auch nach Jahren noch mit Ihnen in Verbindung gebracht wird. Mal abgesehen davon, dass die Personalprofis ihre Bewerber auch im Internet einem Check unterziehen.
10. Schließen Sie „Trolle" aus Ihrer Kontaktliste aus. „Trolle" sind Personen, die mit ihren Beiträgen in Diskussionen und Foren stark provozieren wollen. Ihr Ziel ist es, die sachbezogene Diskussion zu stören und die Aufmerksamkeit auf sich selbst zu lenken.

Für die Geschäftswelt gibt der Deutsche Knigge-Rat zwei weitere Empfehlungen:

■ Wenn Sie mit einem Anbieter, einer Firma oder einem Dienstleister gute Erfahrungen gemacht haben, empfehlen Sie ihn weiter. Diese Empfehlung kann sich auch auf interessante Filme oder Buchtitel beziehen. Dann dürfen auch die eigenen Angebote präsentiert werden, aber:
■ Aufdringliche Werbung ist absolut tabu! Wer im Netzwerk vordergründig nur verkaufen will, riskiert seine Kontakte, auch die nützlichen.

Auch die Telekom hat sich mit Umgangsfragen im Netz beschäftigt. Herausgekommen sind 101 Einzelregeln (www.eetiquette. de) für die verschiedensten Situationen der Internetnutzung.

Soziale Netzwerke machen Sinn, weil sie die Kontaktpflege erleichtern. Sie bergen aber auch Risiken: Wir veröffentlichen uns selbst. Das heißt, wir geben persönliche Daten weiter, die

die Netze weiterverwenden dürfen. Hier lohnt sich ein Blick in die Allgemeinen Geschäftsbedingungen!

Generell gilt, sich positiv darzustellen. Das Foto vermittelt einen ersten Eindruck von Ihnen. Es sollte also zum Zielanliegen Ihres Eintrags passen. Freizügige Urlaubsfotos haben auf einer ernsthaften Seite zur Pflege beruflicher Kontakte nichts zu suchen. Auch die wachsende Kontaktliste kann ihre Tücken haben. Personen, die selbst die Netiquette nicht beachten, rücken auch Sie in ein schlechtes Licht.

Regeln fürs Chatten

Eine andere Form, im Internet Kontakte zu knüpfen, ist das Chatten. Die Teilnehmer versammeln sich in einem virtuellen Chatroom und können in Echtzeit miteinander „plaudern".

Die Chatrooms sind meist nach Themen oder Themenbereichen geordnet. Den Chatroom betritt man üblicherweise nicht mit dem richtigen Namen, sondern mit einem Pseudonym, das man sich selbst aussuchen kann. Diese Anonymität ist auch eine Gefahr. Sie kann Teilnehmer zu Äußerungen verleiten, die sie im direkten persönlichen Kontakt nie von sich geben würden. Chatbetreiber achten meist auf solche Regelverstöße und schließen den Teilnehmer aus.

Auch das Chatten unterliegt Regeln.

Da der Informationsaustausch ausschließlich durch das geschriebene Wort stattfindet und damit die Möglichkeiten der nonverbalen Kommunikation nicht gegeben sind, greifen die

Chatter zur Darstellung ihrer Emotionen auf die verschiedensten Smileys und Emoticons zurück.

Täglich begegnen sich Tausende in den Chatrooms. Da macht es Sinn, diese vielfachen Begegnungen durch Regeln zu ordnen, sozusagen eine Hausordnung aufzustellen. In vielen Chatrooms gelten die Regeln, die www.chatiquette.de zusammengestellt hat:

1. Alle Chatter sollen sich mit Respekt und Höflichkeit begegnen.
2. Wer einen Chatroom betritt, sollte zunächst „zuhören" und nicht sofort auf sich aufmerksam machen. Gefallen die behandelten Themen nicht, kann man getrost eine Tür weitergehen.
3. Die eigene schlechte Laune nicht in einem Chatroom abreagieren. Das haben die anderen nicht verdient.
4. Neuankömmlingen behilflich sein, damit sie sich möglichst schnell einbringen oder auch wieder gehen können.
5. Niemanden bedrängen, den flüchtigen Chatkontakt in anderer Form, beispielsweise am Telefon, fortzusetzen.
6. Schimpfwörter, Beleidigungen usw. vermeiden. Hier droht strafrechliche Verfolgung. Mal abgesehen davon hat das auch mit gutem Benehmen nichts zu tun.
7. Das Fehlverhalten Einzelner nicht diskutieren. Dafür ist dieses Medium nicht geeignet. Wer sich nicht an die Regeln hält, bleibt unbeachtet.
8. Den Chatroom nicht für Werbezwecke, schon gar nicht für Eigenwerbung missbrauchen.

Heute schon „getwittert"?

Twitter ist ein besonderes Netzwerk, eine Art öffentliches Tagebuch im Netz. Der Name stammt aus dem Englischen und bedeutet so viel wie „tschirpen" oder „zwitschern". Vogellaute sind kurz und auch Twitternachrichten sind auf 140 Zeichen begrenzt.

Angemeldete Besucher können diese kurzen Nachrichten (Tweets) eingeben. Diese Mitteilungen werden allen anderen Nutzern gezeigt, die dem Autoren folgen (Follower), also seine Beiträge abonniert haben. Twitter sammelt personenbezogene Daten seiner Kunden und gibt sie auch an Dritte weiter.

Twitter gehört seit 2006 zu den modernen Kommunikationsmöglichkeiten. Aber mit stetig steigenden Nutzerzahlen (in Deutschland um die zwei Millionen) steigt auch die Verantwortung des einzelnen Nutzers.

Auch für Twitter haben sich Regeln und Normen herausgebildet. Sie widerspiegeln zumeist die individuellen Erfahrungen ihrer jeweiligen Autoren und sorgen damit für viel Diskussionsstoff. Eine Zusammenstellung von Regeln findet sich auf www.grooveblog.de:

1. Die Follower müssen einen Nutzen von den Tweets haben. Also keine Belanglosigkeiten einstellen. Jeder kann sich auch selbst die Frage stellen, ob er seine Tweets selbst bekommen möchte.
2. Auch bei Twitter gelten die Regeln der Rechtschreibung und Grammatik. Mit der richtigen Schreibung können auch

Respekt und Wertschätzung für die Leser zum Ausdruck gebracht werden. Der begrenzte Platz von 140 Zeichen verführt natürlich zu Abkürzungen, wirklich hilfreich sind sie nicht.

3. Allzu persönliche Daten sind zu vermeiden, sie stören die Professionalität.

4. Tweets nicht automatisch versenden, schon gar nicht mit Werbebotschaften. Das wird die Follower zu Recht verärgern.

5. In themenbezogenen Diskussionen kommt es darauf an, schnell zu antworten, sonst verläuft die Diskussion im Sande.

6. Das Medium nur dosiert einsetzen. Wer pausenlos Tweets in die Welt schickt, kann kaum noch irgendeinen Nutzen bieten und geht unter.

7. Für Re-Tweets (die Weiterleitung eigener Beiträge) sollte man sich bedanken. Kritische Bemerkungen sollten professionell behandelt werden. Ein „Krieg" der Tweets bringt keinen Nutzen.

8. Bei Fragen zum eigenen Unternehmen fair und objektiv antworten. Üble Nachrede bringt auch bei Twitter keine Freunde.

9. Das eigene Profil sollte gut und aussagekräftig beschrieben werden. Die künftigen Follower wollen schließlich wissen, mit welchen Informationen sie rechnen können.

10. Twitter nur dann einsetzen, wenn es sinnvoll erscheint. Man muss nicht jeden Trend selbst mitmachen.

Check-up: So geht's!

- 😊 Rücksichtnahme!
- 😊 Branchentypische Telefonzeiten beachten
- 😊 Handy in der Öffentlichkeit „stumm" schalten
- 😊 Für einen positiven Auftritt sorgen
- 😊 Internetzeiten begrenzen
- 😊 Wertschätzung und Respekt gelten auch im Internet
- 😊 Für Re-Tweets Dank sagen
- 😊 Lesezeiten für E-Mails einrichten
- 😊 E-Mails leserfreundlich gestalten

Check-up: Und so bitte nie wieder!

- ☹️ Ständig erreichbar oder online sein
- ☹️ Sonntags dienstliche Telefonate führen
- ☹️ Telefonnummern zu schnell ansagen
- ☹️ Intime Telefonate in der Öffentlichkeit
- ☹️ Irritierende Klingeltöne
- ☹️ Virtuelle Identitäten annehmen
- ☹️ Kontakte sammeln und dann nicht pflegen
- ☹️ Die eigene schlechte Laune im Chatroom austoben
- ☹️ Sinnfrei Texte in die Welt twittern
- ☹️ In Mails auf Großschreibung verzichten

Hand in Hand
im Unternehmen

Gute Zusammenarbeit kann sich nur entwickeln, wenn alle achtsam miteinander umgehen. Das gilt für alle Bereiche, alle Ebenen und auch über Hierarchiestufen hinweg. Hier findet gutes Benehmen aber andere Formen. In der Arbeitswelt zeigt es sich vor allem in der Zuverlässigkeit unserer Zusagen, in der Unterstützung für die, die sie gerade brauchen, und in der Anerkennung für erbrachte Leistungen.

Umgang mit Kollegen, Mitarbeitern, Kunden und Geschäftspartnern

Jeder, der mit Kollegen und Mitarbeitern zusammenarbeitet, ist auch für die Qualität dieser Zusammenarbeit verantwortlich. Von jedem wird erwartet, dass er sich fair verhält und die Grundregeln des guten Benehmens beachtet und anwendet. Das alte Knigge-Motto „Verhalte Dich immer so, wie Du willst, dass man sich Dir gegenüber verhält!" kann auch gut die reibungslose Zusammenarbeit am Arbeitsplatz fördern.

Für Führungskräfte kommt zudem noch hinzu, dass sie der Form und Qualität der Zusammenarbeit ihrer Mitarbeiter immer allergrößte Aufmerksamkeit widmen müssen. Allzu oft geht es vordergründig um die Zielerreichung, um nackte Zahlen und Kennziffern, die Arbeitsergebnisse. Wichtig ist aber vor allem auch immer wieder die Frage, wie diese Ziele und Ergebnisse erreicht werden. Es ist erwiesen, dass in einem guten Betriebsklima bessere Ergebnisse erzielt werden, als wenn das Denken und Handeln aller Beteiligter von Konkurrenzstreben bestimmt wird, in dem jeder nur seinen Vorteil sieht oder es gar zu Mobbing kommt (siehe auch im Folgenden „Achtung: Mobbing/Bossing!").

Sie verbringen am Arbeitsplatz viel Zeit. Sie sind wochentags länger mit Kollegen und Mitarbeitern zusammen als mit der eigenen Familie. Schon deswegen lohnt es sich, selbst auch zu einem Betriebsklima aktiv beizutragen.

Ergebnisorientierte Zusammenarbeit ist erkennbar am Umgang miteinander, am Verhalten gegenüber Mitarbeitern und Kollegen. Machen Sie folgenden Test, um die Qualität der Zusammenarbeit in Ihrem Arbeitsumfeld zu prüfen.

Test: Qualität der Zusammenarbeit

Wenn Sie auf diese zehn Fragen nicht mit einem klaren Ja antworten können, dann sollten Sie die leeren Zeilen im Anschluss nutzen. Überlegen Sie bei den Fragen, die Sie mit Nein beantworten mussten, was Sie tun können, um die Situation für sich selbst und Ihre Kollegen zu verbessern. Vielleicht finden Sie in Ihrem Arbeitsumfeld auch Verbündete, die mit Ihnen gemeinsam zur Verbesserung der Umgangsformen beitragen wollen.

1. Fühlen Sie sich in Ihrem Team wohl?
2. Ist der Umgangston freundlich?
3. Erleben Sie Hilfsbereitschaft?
4. Gibt es echtes Interesse an Ihrer Person?
5. Reden Sie eher miteinander als übereinander?
6. Werden Sie und Ihre Leistungen respektiert?
7. Erfahren Sie als Person Wertschätzung?
8. Kennen Sie in groben Zügen die Lebensumstände Ihrer Kolleginnen/Kollegen?
9. Herrscht gegenseitiges Vertrauen?
10. Gehen Sie fair miteinander um?

Herzlichen Glückwunsch, wenn Sie alle Fragen mit Ja beantworten konnten!

Externe Gäste, also Kunden und Geschäftspartner, bekommen zumeist sehr schnell mit, wie Teammitglieder miteinander umgehen. Das wird dann auch die Geschäftsbeziehungen beeinflussen. Ist der Umgang untereinander wertschätzend und respektvoll, wird er auch zum Geschäftserfolg beitragen. Kunden und Geschäftspartner können so eher Vertrauen aufbauen.

Du oder Sie?

Es gibt nur wenige Unternehmen, in denen die Anredeform für alle Mitarbeiter geregelt ist. Es ist auch nicht jedermanns Sache, sich quasi auf Anweisung von allen duzen zu lassen. In den meisten Unternehmen können die Mitarbeiter selbst über die Anredeform entscheiden. So schafft das vertrauliche „Du" eine größere Nähe und Vertrautheit, während das „Sie" die Distanz bewahrt.

Grundsätzlich kann das vertrauliche „Du" vom Ranghöheren angeboten werden – also der Chef seinen Mitarbeitern und nicht umgekehrt. Wenn das angebotene „Du" angenommen wird, ist das eine Entscheidung fürs Leben, denn ein einmal eingeführtes „Du" kann quasi nicht mehr rückgängig gemacht werden, das käme einer groben persönlichen Zurückweisung gleich.

Auch Azubis, die in die Abteilung kommen, sollten nicht zwangsläufig geduzt werden, weil sie am Anfang ihrer beruflichen Entwicklung stehen. Eine gute Variante kann in diesem Falle das „Hanseatische Sie" oder „Amerikanische Sie" sein. Dabei nennt man sich beim Vornamen und bleibt trotzdem beim förmlichen „Sie". Auch in anderen Situationen kann diese Form eine gute Alternative sein, weil diese Anredeform sowohl Nähe als auch Distanz signalisiert. Zu klären ist auch, in welcher Form man sich in Anwesenheit von Kunden oder Geschäftspartnern anreden möchte. Wer als Kunde in einer Bank einen Baukredit aufnehmen möchte, ist vielleicht irritiert, wenn sich die beiden Bankberater, die ihn beraten, duzen. Wenn sich dagegen die Handwerker auf einer Baustelle duzen, ist das völlig selbstverständlich.

Wenn Sie ein angebotenes „Du" nicht annehmen möchten, sollten Sie das gleich sagen. Da macht allerdings der Ton die Musik und die respektvolle sowie wertschätzende Begründung. Also: „Vielen Dank für Ihr Angebot. Es wäre mir im Moment aber lieber, wenn wir beim Sie bleiben." Wird das „Du" vom Chef zu fortgeschrittener Stunde auf einer Betriebsfeier angeboten, ist Vorsicht geboten. Hier gilt am nächsten Arbeitstag abzuwarten, wie der Chef es nun handhabt. Diese Form wird dann kommentarlos übernommen. Vielleicht war sein Angebot doch nicht so ernst gemeint, dann bleibt es „nüchtern" weiterhin beim „Sie".

In der Kantine

Die Kantine ist der mittägliche Treffpunkt schlechthin, der von vielen in Gruppen oder einzeln angestrebt wird. Das ist auch gut so, denn die Mittagspause ist wichtig! Erstens brauchen wir die Auszeit zur Regeneration und zweitens tanken wir für die zweite Tageshälfte neue Energien. Diese Effekte werden allerdings nur eintreten, wenn nicht jedes Mittagessen zu einem Arbeitsessen wird. Immer wieder ist zu beobachten, dass das Telefon noch vor dem Besteck auf dem Kantinentablett landet. Ständig erreichbar, immer auf der Jagd nach Aufmerksamkeit, getrieben von der Angst, irgendeine Information zu verpassen. So kann die Pause ihren eigentlichen Zweck nicht erfüllen!

Die Mittagspause dient der Erholung, der Nahrungsaufnahme und der Pflege sozialer Kontakte zu Mitarbeitern und Kollegen. Sie ist auch eine gute Gelegenheit, sich in der Kunst der Konversation zu üben. Hartnäckig hält sich auch der mittägliche Gruß „Mahlzeit". In der Kantine, auf Fluren, in den Büros, im Lift … überall erschallt dieses „Mahlzeit". Und neulich hörte ich es sogar auf einer Toilette! Besser wäre es, wir grüßen uns um die Mittagszeit einfach mit einem „Guten Tag" oder einem freundlichen „Hallo". Das reicht vollkommen aus!

Die Betriebsfeier und ihre Folgen

Betriebsfeiern sind allgemein beliebt und haben teilweise lange Traditionen. Anlässe finden sich immer: das Weihnachtsfest, das schöne Wetter im Sommer, das Firmenjubiläum oder runde Geburtstage von Mitgliedern der Geschäftsleitung. Betriebsfeiern haben auch viele Vorteile: Sie tragen zur Identifikation der Betriebsangehörigen mit dem Unternehmen bei und verbessern die Zusammenarbeit, weil sich die Mitarbeiter (auch unterschiedlicher Abteilungen) besser kennen lernen können.

Jede Betriebsfeier sollte grundsätzlich als dienstlicher Termin betrachtet werden. Daraus erwächst auch ein dienstliches Verhalten, denn die Betriebsfeier ist eben keine rein private Angelegenheit – auch wenn sie in der Freizeit der Mitarbeiter stattfindet.

Die Kleidung sollte dem Rechnung tragen und zudem zum Charakter der jeweiligen Veranstaltung passen. Für ein Grillfest auf dem Betriebshof darf es legerer sein als für eine Feier in einem Restaurant. Und der gemeinsame Kegelabend stellt wieder andere Anforderungen an das Outfit. Gepflegte Freizeitkleidung wird in vielen Fällen angemessen sein, wenn die Feier nicht ohnehin sofort nach Dienstschluss beginnt und alle in der täglichen Arbeitskleidung erscheinen.

Vorsicht! Betriebsfeiern haben ihre Tücken.

Betriebliche Feste gewähren immer auch besondere Einblicke in das Verhalten von Kollegen und Mitarbeitern. Hier besteht die Möglichkeit, sich in einem anderen Rahmen zu präsentieren und kennen zu lernen. Und auf jedem Fest gibt es die stummen Beobachter, die alles wahrnehmen und registrieren, u. a. auch, um ihre Beobachtungen und neuen Einsichten dann später mit anderen ausführlich offen oder hinter vorgehaltener Hand auszutauschen. Das ist zwar kein guter Stil, aber oft beobachtete Praxis. Daher ist in jedem Falle Vorsicht geboten – vor allem, was den Genuss von Alkohol angeht. Ein Glas zu viel kann das Ansehen und die Karriere ruinieren! Das heißt nicht, dass alkoholische Getränke völlig tabu sind ... aber sie sollten nur sehr kontrolliert konsumiert werden.

Wichtig ist es, das eigene Aussehen immer mal diskret in den Waschräumen zu überprüfen. Wenn die Feier sichtbare Spuren hinterlässt, sollte das Fest verlassen werden. Die Wirkung des Alkohols kann durch das Trinken von viel Wasser (Regel: Auf ein Glas Wein folgt ein Glas Wasser) verzögert werden.

Einstand und Ausstand feiern

In vielen Unternehmen ist es nach wie vor üblich, dass neue Mitarbeiter ihren „Einstand" geben und sich ausscheidende Mitarbeiter mit einem „Ausstand" verabschieden. Wenn das zur Firmentradition gehört und allgemein erwartet wird, sollte man sich dieser Regel nicht entziehen.

Der „Einstand" kann in den ersten 14 Tagen nach Betriebseintritt ausgerichtet werden. Hier ist es empfehlenswert, sich vorab über die Gepflogenheiten zu informieren. Wenn ein gemeinsames Frühstück mit Kaffee und Kuchen üblich ist, sollte der neue Mitarbeiter nicht aus der Reihe tanzen. Wichtig ist, alle Mitarbeiter der jeweiligen Abteilung persönlich einzuladen. Wenn alle versammelt sind, werden zur Eröffnung ein paar Begrüßungsworte fällig. Der Abschluss kann durch einen Dank für das Kommen deutlich signalisiert werden. Das Aufräumen nicht vergessen! Wenn alle Gäste gegangen sind, müssen Geschirr und Gläser sauber wieder an ihren Platz gestellt werden.

Der „Ausstand" hat eine wichtige Funktion: Er erleichtert den Abschied, indem mit einer solchen Zeremonie für alle ein Abschluss gefunden wird. Zum Ausstand werden alle Mitarbeiter einer Abteilung eingeladen, auch die, zu denen das Verhältnis in der Vergangenheit nicht immer ungetrübt war. Der Chef sollte vorab gebeten werden, zum Abschied ein paar Worte zu sagen. Das Schlusswort haben in jedem Falle Sie! Der letzte Eindruck bleibt im Gedächtnis aller Beteiligter. Daher ist das Schlusswort auch durchweg positiv zu gestalten, das heißt keine Abrechnung mit möglichen Vorfällen in der Vergangenheit oder gar mit einzelnen Kollegen.

Der Flurfunk sendet ...

Es gibt mehr Informationen auf dem Flur und in den Raucherecken als in den Meetings – heißt es zumindest. Da ist es wichtig, seine internen Netzwerke zu pflegen, um an bedeutungsvolle Informationen zu kommen, soweit es sich dabei um berufsbezogene Informationen handelt.

Aber es werden außerhalb der Büros auch Informationen „gehandelt", die mit der Erledigung der jeweiligen Jobs gar nichts zu tun haben, die aber interessant sind. Und damit beginnen die Probleme. Mit der harmlosen Frage „Hast Du schon gehört …?" beginnt die Gerüchteküche zu brodeln. Gerüchte entstehen immer dann, wenn offizielle Informationen ganz oder teilweise fehlen. Das ist gefährlich, weil jeder seine eigene Wahrheit hat und die auch so weiterverkauft. Damit wird viel Unruhe und Aufregung verbreitet. Das kostet zudem auch noch viel Energie, die für die eigentlichen Aufgaben nicht mehr zur Verfügung steht.

Aber Gerüchte ranken sich nicht nur um die betrieblichen Themen, sondern auch um allerlei privaten Klatsch und Tratsch. Hier kann es nur eine Lösung geben: Raushalten! Klatsch und Tratsch behandeln meist unerfreuliche Themen, die mit Respekt und Wertschätzung für die besprochene Person nichts zu tun haben. An solchen Klatsch-Gesprächen sollten Sie sich nicht beteiligen und das auch deutlich zum Ausdruck bringen: „Dazu mag ich gar nichts sagen!" Anschließend verlassen Sie solche Gesprächsrunden dann möglichst schnell, denn es gilt der Knigge-Grundsatz: „Ich spreche von Dir, wie ich wünsche, dass Du von mir sprichst!"

Bei Klatsch und Tratsch ist äußerste Vorsicht geboten!

Meetings mitgestalten

Meetings stehen auf der Hitliste der Zeitkiller ganz oben. Ein Termin jagt den nächsten. Diese Meetingwut kommt Unternehmen teuer zu stehen. Es wird zu viel gut bezahlte Arbeitszeit in Meetings versessen, ohne dass dabei immer angemessene Ergebnisse erzielt werden. Die erste Frage sollte also immer lauten: Ist dieses Meeting wirklich notwendig oder gibt es nicht günstigere Alternativen? Meetings sind nur dann sinnvoll, wenn es keine andere Alternative gibt, wenn sie organisatorisch und inhaltlich gut vorbereitet sind, wenn sie straff und professionell geführt werden, wenn sich alle an die vereinbarten Regeln halten und wenn jeder Teilnehmer ein strukturiertes Ergebnisprotokoll bekommt.

Die Verantwortung dafür liegt natürlich vor allem in den Händen des Einladenden. Aber auch als Meetingteilnehmer ist man dafür verantwortlich, dass alternativlose Meetings so schnell wie möglich beendet werden können.

Erste Meeting-Regel

Die erste Regel heißt Pünktlichkeit – und zwar für alle Beteiligten. Zuspätkommen signalisiert auch Missachtung der anderen.

Zweite Meeting-Regel

Die zweite Regel heißt intensive Vorbereitung und konstruktive Mitarbeit. Denn nur, wer sich auf die Tagesordnung gut vorbereitet hat, kann auch kompetent mitreden. Konstruktive Mitarbeit ist vor allem durch hilfreiche Eigenbeiträge gekennzeichnet, die auch andere Beiträge wertschätzen. Keine Killerphrasen wie „Das geht sowieso alles nicht" verwenden, die jede Diskussion einengen.

Dritte Meeting-Regel

Die dritte Regel heißt höflicher Umgang miteinander. Dazu gehört auch zuzuhören und niemandem ins Wort zu fallen. Es ist ausgesprochen schlechter Stil, sich auf Kosten anderer selbst profilieren zu wollen.

Vierte Meeting-Regel

Die vierte Regel verbietet Nebenarbeiten, die nichts mit den Themen des Meetings zu tun haben. Ein Meeting ist nicht der Ort, um die eigenen Mails zu beantworten oder sich mit seinen SMS zu beschäftigen. Dass klingelnde Handys stören und die Konzentration unterbrechen, sollte sich inzwischen rumgesprochen haben. Eigentlich haben Handys in Meetings gar nichts zu suchen und Laptops nur, wenn sie für die Arbeit zwingend gebraucht werden.

Achtung: Mobbing/Bossing!

Mobbing, also das Ausgrenzen und Schikanieren einzelner Kollegen, ist das krasse Gegenteil zu gutem Benehmen. Mobbing ist keine Erfindung der modernen Industriegesellschaft, sondern so alt wie die Menschheit selbst. Das dahinterstehende Prinzip „Fressen und gefressen werden" hat es immer gegeben. Und so kann es vorkommen, dass in betrieblichen Gruppen einzelne Mitarbeiter durch subtile, kaum nachweisbare Schikanen der Alltag zur Hölle gemacht wird. Für die jeweiligen Opfer kann das fatale Folgen bis zur dauerhaften Arbeitsunfähigkeit haben.

Die Hilfe für Mobbingopfer erweist sich oft als schwierig und wird nur gelingen, wenn die Betroffenen selbst die Kraft entwickeln, den vielfältigen Angriffen aus ihrer Umgebung zu widerstehen. Es ist ein Kraftakt, die eigene Opferrolle zu überwinden, und leider oft nicht erfolgreich. So ist der Widerstand gegen Erscheinungen von Mobbing eine echte Herausforderung. Gutes Benehmen, also Respekt und Wertschätzung für den anderen, und Methoden des Mobbing stehen sich diametral gegenüber. Wer in seiner Umgebung Tendenzen von Mobbing beobachtet, sollte nicht wegsehen, sondern selbst aktiv werden.

Ein Beispiel: Die ganze Abteilung trifft sich zu einem gemeinsamen Frühstück im Pausenraum. Niemand hat Frau Meier zu diesem Frühstück eingeladen. So kommt sie eher zufällig in den Pausenraum, in dem sich ihre Kollegen beim gemeinsamen Frühstück lautstark unterhalten. Kaum hat sie den Raum betreten, verstummt jedes Gespräch und alle starren sie an. Niemand spricht sie an oder bietet ihr einen Platz an. So zieht sich Frau Meier irritiert zurück.

Gutes Benehmen verlangt von uns, in solchen Situationen Zivilcourage zu zeigen. Mindestens einer sollte den Mut haben, Frau Meier einzuladen, und später auch seinen Unmut über die bewusste Ausgrenzung von Frau Meier zur Sprache bringen. Mobbing funktioniert in der Praxis nicht nur, weil es ein hilfloses Opfer gibt, sondern auch, weil die aktiven Täter nicht aufgehalten werden. Hier sind alle gefragt!

Bossing ist eine besonders schwere Form von Mobbing. Bossing deswegen, weil der Verursacher – der Haupttäter – der „Boss" ist, also die verantwortliche Führungskraft. Sie missbraucht ihre

(Macht-)Position dazu, die eigenen Mitarbeiter fertigzumachen, sie zu erniedrigen, um sich dadurch selbst besser zu fühlen. Viele Arbeitnehmer halten das zunächst für völlig normal, kommen gar nicht auf die Idee, dass der eigene Chef seine Mitarbeiter mobbt. Außerdem macht das Beispiel des Chefs (Führungskräfte sind immer Vorbilder!) schnell Schule. Das Bossing-Opfer wird dann auch noch zum Mobbing-Opfer.

Hinter dem Bossing können vielfältige Ursachen stecken. Eine mögliche Ursache kann sein, dass der Mitarbeiter vergrault werden soll. Man möchte die Kündigung des Mitarbeiters provozieren, um ihm nicht selbst kündigen zu müssen. Meist liegen die Ursachen jedoch in der Persönlichkeitsstruktur des Vorgesetzten.

Ein Beispiel: Herr Schmidt arbeitet seit zwei Jahren im Labor eines Chemieunternehmens. Er hat seinen Arbeitsplatz neben seinem Chef, Herrn Bossinger, in einem kleinen Büro, das vom Labor abgetrennt ist. Dieser zweite Arbeitsplatz wurde hier erst mit der Einstellung von Herrn Schmidt eingerichtet. Von Anfang an war die Zusammenarbeit mit dem Laborleiter schwierig: Die Chemie zwischen beiden schien nicht zu stimmen. So hat sich Schmidt besonders ins Zeug gelegt, um seinen Chef milde zu stimmen. Genutzt hat es nichts, die Situation wurde immer angespannter. Bossinger ignoriert seinen Mitarbeiter vollkommen. Er grüßt ihn nicht, wenn er morgens kommt, er redet auch tagsüber nicht mit ihm. Seine Aufträge erhält Schmidt per E-Mail. Meist sind es Aufträge, die andere Laboranten nur ungern erledigen. Und Bossinger versucht auch, den Kontakt zu anderen Mitarbeitern des Labors zu stören. Er mischt sich in jedes Gespräch ein, beantwortet jede Frage, die an Schmidt gerichtet wird. Als auch noch der Name „Schmidt" an der Labortür deutlich sichtbar gestrichen wird, zieht Schmidt die Konsequenzen und kündigt.

Check-up: So geht's!

- 😊 Aktiv zur Gestaltung eines guten Betriebsklimas beitragen
- 😊 Alle Kolleginnen und Kollegen wertschätzend behandeln
- 😊 Die Mittagspause zur Erholung und Pflege sozialer Kontakte nutzen
- 😊 Betriebsfeiern als Teil der dienstlichen Verpflichtungen ansehen
- 😊 Gerüchte hinterfragen und für ausreichend Informationen sorgen
- 😊 Meetings verantwortungsbewusst mitgestalten

Check-up: Und so bitte nie wieder!

- 🙁 Missstimmungen am Arbeitsplatz klaglos hinnehmen
- 🙁 Egoistisch nur den eigenen Vorteil suchen
- 🙁 Mit „Mahlzeit" grüßen
- 🙁 Durch Alkohol die Selbstkontrolle verlieren
- 🙁 Klatsch und Tratsch über Kollegen
- 🙁 Zum stillen Beobachter von Mobbing werden
- 🙁 Mobbing oder Bossing dulden

Wenn Geschäftspartner kommen

Auch Geschäftskontakte wollen gepflegt werden. Der persönliche Kontakt, das „Face-to-Face"-Gespräch, ist durch nichts zu ersetzen, denn Geschäftserfolge werden doch ganz maßgeblich vom Miteinander der beteiligten Partner beeinflusst. Daher kommt der Pflege persönlicher Kontakte eine große Bedeutung zu. Wenn sich Ihre Geschäftspartner bei Ihnen gut angenommen und aufgehoben fühlen, werden Ihre Geschäftsbeziehungen positiv verstärkt.

Geschäftsleute einladen

Eine Einladung sagt schon viel über die Gastgeber und die geplante Veranstaltung aus. In jedem Falle sollte die Einladung dem Charakter der Veranstaltung angemessen sein, die Gäste informieren und neugierig machen. Geschäftliche Einladungsschreiben sind für gewöhnlich PC-geschrieben – im Unterschied zu privaten Einladungen. Die konkrete Form hängt immer von der jeweiligen Veranstaltung ab. Je förmlicher die Feier, umso eher wird man gedruckten Einladungskarten den Vorzug geben.

Telefonische Einladungen können in diesem Rahmen lediglich Voranfragen sein, um den Termin abzusichern. Eine offizielle Einladung wird in jedem Falle später verschickt.

Grundsätzlich enthält eine Einladung Anlass, Ort, Datum und eine Zeitangabe. Aus der Einladung sollte hervorgehen, ob der/die Eingeladene mit Begleitung kommen sollte oder eher allein. Außerdem können Hinweise zur gewünschten Kleidung und die Information, ob und wie für das leibliche Wohl der Gäste gesorgt ist, sehr hilfreich sein. Die Zeitangabe definiert Beginn und Abschluss einer Feier. Es ist absolut nicht unüblich, eine Veranstaltung zeitlich zu begrenzen.

Ein Beispiel: „Anlässlich unserer Geschäftseröffnung am 29. März laden wir Sie von 18.00 bis 22.00 Uhr ganz herzlich ein, mit uns zu feiern." – Diese Formulierung gibt zugleich den Gästen auch die Möglichkeit, innerhalb dieses Zeitrahmens zu kommen und zu gehen, wann sie möchten.

Was auf der Einladung stehen sollte

Für Einladungen zu verschiedenen Anlässen gelten die folgenden Zeitempfehlungen:

- Für ein Frühstück wird zwischen 8.30 und 9.30 Uhr eingeladen, für einen Frühschoppen zwischen 10.00 und 11.00 Uhr.
- Ein Brunch, zusammengesetzt aus Breakfast und Lunch – die Kombination aus Frühstück und Mittagsbüfett, beginnt in aller Regel zwischen 11.00 und 12.00 Uhr.
- Der Vormittagsempfang findet üblicherweise zwischen 11.00 und 13.00 Uhr statt.

- Zum Mittagessen sollte nicht vor 12.00 Uhr und nicht nach 14.00 Uhr eingeladen werden.
- Der Nachmittagsempfang ist zwischen 14.30 und 16.30 Uhr zeitlich gut platziert.
- Die Kaffeetafel wird zwischen 16.00 und 17.30 Uhr arrangiert.
- Und das Abendessen kann zwischen 19.00 und 21.00 Uhr beginnen.

Wenn es notwendig ist, können die Gäste auch darauf hingewiesen werden, dass pünktliches Erscheinen erwartet wird. Die Ortsangabe kann durch entsprechende Hinweise bzw. eine Anfahrtsskizze ergänzt werden. Das umfasst auch Informationen über Parkmöglichkeiten, einen speziellen Shuttle-Service usw.

Der Hinweis auf die vorgesehene Beköstigung der Gäste macht dann Sinn, wenn der übliche Rahmen gesprengt wird. Bei einem Vormittagsempfang erwarten die Gäste nicht mehr als Getränke und einen kleinen Imbiss. Will der Gastgeber seine Gäste aber mit einem opulenten Lunch-Büfett verwöhnen, empfiehlt es sich, dies in der Einladung mitzuteilen.

Wichtig sind in der Einladung auch Hinweise auf die gewünschte Bekleidung der Gäste. Dies vermittelt den Gästen Sicherheit und

Wichtig: welcher Dresscode gilt für die Einladung? kann den Einzelnen vor peinlichen Überraschungen bewahren. Traditionelle Bekleidungsvermerke lauten wie folgt: Straßenanzug, dunkler/schwarzer Anzug, Smoking (black tie), Frack (white tie). Andere Formulierungen können sein: sportlich-elegant, leger, festliche Kleidung usw.

Diese Formulierungen sind aber recht ungenau und damit für die Gäste auch frei interpretierbar. Auch der Begriff „Abendgarderobe" lässt vielfältige individuelle Auslegungen zu.

Daher an dieser Stelle eine Übersicht zu gängigen Dresscodes und was sich dahinter verbirgt:

- **Zwanglose Bekleidung** (Privat casual) meint …
jeder so, wie er mag. Es darf leger, sogar sexy sein. Damen und Herren können hier ihre individuelle Note leben.

- **Informelle Bekleidung** (Business casual) meint …
eine lockere Geschäftsmäßigkeit. Herren tragen zur sportlichen Hose Lang- oder Kurzarmhemden, möglicherweise eine sportliche Jacke und verzichten auf eine Krawatte. In jedem Fall aber dunkle Socken und geschlossene Schuhe anziehen.
Damen können sich für eine Hose und eine Blusenjacke entscheiden. Auch Shirts sind erlaubt. Wichtig sind Strümpfe und geschlossene Schuhe.

- **Straßenanzug** (Business suit) meint …
ein offizielles Tagesoutfit. Herren tragen einen dezenten Anzug in einer dunklen Farbe und ein weißes oder dezent gemustertes helles Hemd mit Krawatte. Das Outfit wird abgerundet durch dunkle Socken in dunklen Schuhen.
Damen tragen ein Kostüm oder einen Hosenanzug, inklusive Strümpfe und geschlossene elegante Schuhe.

- **Festlicher dunkler Anzug** (Dark suit) meint …
ein offizielles, feierliches Outfit. Herren erscheinen im dunkelgrauen oder dunkelblauen Anzug mit weißem Hemd und festlicher Krawatte. Dazu passen nur schwarze Socken und schwarze Schuhe.
Damen entscheiden sich für ein festliches Kostüm oder einen festlichen Hosenanzug. Bei diesem Bekleidungshinweis darf es auch das „kleine Schwarze" sein. Damen dürfen auch offene Schuhe tragen und auf Strümpfe ganz verzichten.

- **Smoking** (Black tie) meint …
ein offizielles festliches Abendoutfit. Für Herren bedeutet das schwarze Smokingjacke mit seidenem Schalkragen zur schwar-

zen Hose mit Seidengalons. Dazu gehört ein weißes Smoking-
hemd mit schwarzer Fliege und ein Einstecktuch aus farbiger
Seide. Schwarze Lackschuhe sind Pflicht.

Bei Anlässen unter freiem Himmel kann die schwarze Smokingjacke durch ein weißes Dinnerjacket ersetzt werden.

Damen tragen ein festliches langes Abendkleid, dazu offene
Abendsandaletten. Die festliche Garderobe kann ergänzt werden
durch lange Handschuhe, Schmuck und ein Abendtäschchen.

- **Frack** (White tie) meint ...

ein hochoffizielles festliches Abendoutfit. Herren tragen zur
schwarzen Frackjacke eine Hose mit hohem Bund. Im Unterschied zur Smokinghose weist die Frackhose seitliche Doppel-
galons aus.

Dazu wird ein weißes Frackhemd mit einer weißen Fliege getragen. Zum Frack gehört auch ein weißes Gilet (Weste). Schwarze
Lackschuhe runden das Gesamtbild ab. Wer zum Frack eine
schwarze Fliege trägt, läuft Gefahr, mit dem Hauspersonal verwechselt zu werden.

Immer öfter findet sich auch der Hinweis „Come as you are!",
also „Kommt, wie Ihr seid!". Das ist nicht wörtlich zu nehmen
und berechtigt nicht, in privaten Freizeitklamotten auf einer
Party zu erscheinen. Gemeint ist, so gekleidet zu kommen, wie
wir den Tag verbracht haben. Auf das aufwändige Anlegen einer
typischen Abendgarderobe kann verzichtet werden. Bei Herren wird dennoch Anzug und Krawatte erwartet, übrigens auch
dann, wenn er tagsüber einen „Blaumann" trägt. Erlaubt sind bei
diesem Kleiderhinweis auch Jeans und Sakko. Damen sind mit
einem Kostüm oder Hosenanzug immer gut angezogen.

Eine Antwortkarte beilegen

Bei größeren Veranstaltungen ist es durchaus üblich, die Einladung mit einer Antwortkarte zu versehen. Nur dann kann eine Veranstaltung auch entsprechend vorbereitet und kalkuliert werden. Die Antwortkarte ist selbstverständlich adressiert und bereits frankiert. Aus dem Text der Antwortkarte sollte die Personenzahl hervorgehen, die der Einladung folgen wird.

Ein Beispiel: Mit folgenden Formulierungen sind Sie immer auf der richtigen Seite und überlassen somit nichts dem Zufall. Üblich sind diese vorformulierten Antworten, die oftmals nur angekreuzt oder ausgefüllt werden müssen:

- *Ich nehme teil.*
- *Ich komme mit … Personen.*
- *Ich nehme mit … Personen teil.*
- *Ich bin verhindert.*

Was Abkürzungen bedeuten können

In Einladungen finden sich immer mal wieder Abkürzungen, die den Empfänger vor Rätsel stellen. Folgende Abkürzungen werden benutzt:

U.A.w.g.	Um Antwort wird gebeten.
	Folgt nach dem Datum eine Adresse, heißt dies, die Antwort wird schriftlich erwartet.
	Folgt hingegen eine Telefonnummer, möchte der Veranstalter eine telefonische Mitteilung.

R.s.v.p.	Ist die französische Variante, bei uns aber eher nicht mehr üblich.
p.m.	Als Erinnerung Wenn die Einladung zuvor schon telefonisch oder persönlich ausgesprochen wurde.
s.t.	Auf die Minute genau.
c.t.	Erlaubt das „akademische Viertel", das 15 Minuten Verspätung gestattet.

Im Übrigen sollte man seine Gäste mit Abkürzungen nicht verwirren. Sie sind zwar nicht unhöflich, können aber auch klar formuliert zum Ausdruck gebracht werden.

Und wenn Sie privat einladen wollen ...

Private Einladungen sollten handschriftlich erfolgen, sie erhalten dadurch eine persönliche Note. Auch im privaten Falle sind Anlass, Ort, Termin und Zeit klar zu benennen. Zudem müssen private Einladungen ebenso rechtzeitig versandt werden und gegebenenfalls den Hinweis auf eine Rückmeldung enthalten.

Die Einladung zu einer kleinen Familienfeier oder einem gemütlichen Treffen im Freundeskreis kann dagegen auch telefonisch erfolgen (alle relevanten Angaben gleich am Telefon besprechen).

Geschäftspartner empfangen

Geschäftspartner kommen meist angemeldet, sie haben einen Termin. Daraus ergibt sich auch, dass ihr Besuch optimal organisiert werden kann. So ist der Besprechungsraum für die Bewirtung vorbereitet und es liegen für den Gast Informationsunterlagen bereit. Werden Laptop und Beamer benötigt, werden die Geräte natürlich auch rechtzeitig in Stellung gebracht und einer Funktionsprobe unterzogen. Alles sollte bedacht sein! Der Gast wird diese umsichtige Vorbereitung als Aufmerksamkeit und Wertschätzung seiner Person registrieren.

Geschäftspartner werden beim Empfang abgeholt. Das kann auch eine Sekretärin oder ein Mitarbeiter übernehmen. Hier erfolgt die Begrüßung im Unternehmen, und natürlich sollte sich der Vertreter des Gastgebers selbst den Gästen auch vorstellen. In dieser Situation ist es nicht wirklich praktisch, wenn die Gäste (der Rangfolge entsprechend) auf unbekanntem Gelände vorausgehen. Der Ortskundige übernimmt in diesem Fall die Führung mit der Bemerkung: „Ich gehe mal voraus." So gelangen die Gäste ohne Zwischenstopps in das vorbereitete Besprechungszimmer. Hier findet nun der Empfang durch den eigentlichen Gastgeber statt.

Das Abholen der Gäste signalisiert Gastfreundschaft.

Wenn die Gäste ihre Mäntel ablegen wollen, brauchen sie dazu Unterstützung. Ein Herr ist der Dame behilflich, nimmt ihr den Mantel ab und bringt ihn gut unter. Einem Herren wird nur der Bügel gereicht. Beim Abschied kann der Dame der Mantel gehalten werden, Herren ziehen sich allein an.

Sollte sich der Gastgeber verspäten und eine Wartezeit entstehen, können die Gäste schon bewirtet werden. Natürlich ist eine Entschuldigung angebracht mit der Bitte um etwas Geduld und Verständnis. Wenn der Gastgeber dann kommt, wird auch er sich nochmals für sein Zuspätkommen entschuldigen. Die Gäste sollen von Anfang an immer das Gefühl haben, dass sie willkommen sind und dass ihr Besuch liebevoll und aufmerksam vorbereitet wurde.

Es ist ganz schlechter Stil, seine Gäste, die einen Termin haben, einfach warten zu lassen, um die eigene Machtposition zu demonstrieren. Schlechter Stil vor allem deswegen, weil so die Missachtung für die Gäste zum Ausdruck gebracht wird. Das sollten sich auch Gäste nicht bieten lassen.

Der Austausch von Visitenkarten

Visitenkarten sind längst zum Standard für jedermann geworden. Im Geschäftsleben versteht es sich von selbst, Visitenkarten auszutauschen. Mittlerweile haben sie auch im Privatleben breite Verwendung gefunden.

Der Austausch von Visitenkarten ist zu Beginn oder (je nach Situation) zum Abschluss eines Treffens fast eine rituelle Handlung. Leider werden die Regeln nicht immer befolgt, was dann leicht als Missachtung empfunden wird. Grundsätzlich werden Visitenkarten so überreicht, dass der Empfänger sie lesen kann. Sie werden also lesebereit präsentiert. Es kommt nicht nur darauf an, Visitenkarten auszutauschen, sondern sie auch richtig auszutauschen.

Hält man die fremde Visitenkarte dann in der Hand, gehört es zum guten Stil, sie aufmerksam zu lesen und gegebenenfalls auch zu kommentieren. Auf keinen Fall sollte die Visitenkarte unbeachtet eingesteckt werden.

Durch das Lesen der Visitenkarte ergeben sich mitunter wertvolle Anknüpfungspunkte für Nachfragen oder ergänzende Informationen, die bei der verbalen Vorstellung nicht übermittelt wurden. Es gilt beispielsweise als sehr unschicklich, sich selbst mit akademischen Titeln vorzustellen, während auf der Visitenkarte natürlich der volle Name, also auch der jeweilige Titel, aufgeführt ist.

Rangfolge beachten

Wer richtig vorstellen und bekannt machen will, muss die Rangfolge kennen. Hier gibt es kleine, aber feine Unterschiede, die es zu beachten gilt. Viele Regeln haben sich in den letzten Jahren gelockert, der Umgang miteinander ist unverkrampfter geworden. Rangunterschiede sind, im Normalfall jedenfalls, nicht mehr so entscheidend. Aber es gelten Grundregeln:

- Damen sind auf gesellschaftlichem Parkett ranghöher als Männer. Im beruflichen Kontext müssen sie sich in die Unternehmenshierarchie einordnen.
- Ältere sind ranghöher als Jüngere.
- Fremde sind ranghöher als Verwandte.
- Gäste sind ranghöher als Gastgeber.
- Ausländer sind ranghöher als Inländer.
- Mitarbeiter fremder Unternehmen sind ranghöher als eigene Mitarbeiter.

Wichtig wird die Rangfolge und vor allem ihre Beachtung bei offiziellen Anlässen. Hier empfiehlt es sich, die Rangfolge der Gäste genau zu kennen und auch einzuhalten. Damen müssen mitunter ihren Platz als Ranghöhere gegenüber Herren aufgeben. Das ist immer dann der Fall, wenn sie sich im Berufsleben in die Unternehmenshierarchie eingliedern. Die Sekretärin wird selbstverständlich die Tür für die (männlichen) Gäste öffnen und ihnen mit der Garderobe behilflich sein. In diesem Fall ist sie zuerst Sekretärin (Gastgeberin) und erst dann Dame.

Aus der Rangordnung ergeben sich weitere Konsequenzen: Die ranghöchste Person bekommt alle Informationen zuerst (wichtig beim Vorstellen), sie wird zuerst bewirtet und sie darf sich zuerst setzen.

Begrüßung und Vorstellung

Wenn sich Menschen begegnen, bilden sie sich sofort ein Urteil voneinander, das dann über spontane Sympathie oder Antipathie entscheidet. Das geschieht nicht nur in Sekundenschnelle, sondern vor allem auch stumm ohne Worte. Noch vor der Begrüßung entsteht der erste Eindruck, der den weiteren Verlauf einer Begegnung beeinflussen kann. Immer gilt daher, offen und freundlich auf einen Unbekannten zuzugehen. Dazu gehört ein freundliches Lächeln ebenso wie der Blick ins Gesicht des Gegenübers.

Die Erfahrung lehrt: Der erste Eindruck entscheidet – der letzte bleibt!

Die in unserem Kulturkreis immer noch übliche Begrüßung ist das Händeschütteln. Es ist nicht jedermanns Sache – aber der Händedruck vermittelt uns viele Informationen, die den ersten Eindruck ergänzen. Der Händedruck sollte daher fest (nicht schmerzhaft) und kurz sein. Im Alltag unter Bekannten wird auf das Händeschütteln zumeist verzichtet. Bei offiziellen Anlässen ist es aber stets die Regel.

Bleibt die Frage, wer reicht wem zur Begrüßung die Hand? Das richtet sich nach der jeweiligen Rangfolge. Und die Rangfolge orientiert sich an der Frage: Wer ist der Wichtigste? Grundsätzlich gilt, dass der/die jeweils Ranghöhere (also der Wichtigste) die Hand zur Begrüßung ausstreckt. Dies bedeutet:

- Der Chef > dem Mitarbeiter
- Die Dame > dem Herren (oder umgekehrt)
- Der Ältere > dem Jüngeren
- Der Einzelne > der Gruppe (reihum)
- Der Gastgeber > dem Gast (oder umgekehrt)

Die Begrüßung von größeren Gruppen vollzieht sich etwas anders. Hier wird niemand erwarten, dass Sie allen Anwesenden die Hände schütteln. Ein freundliches Nicken genügt vollkommen. Die jeweiligen Gastgeber bilden dabei natürlich eine Ausnahme – die werden immer persönlich, also mit Handschlag, begrüßt. Das gilt genauso für den Abschied. Sollte es notwendig sein, eine Gruppe doch per Handschlag zu begrüßen, dann bitte einfach zwanglos reihum. In diesem Falle muss die Rangfolge nicht berücksichtigt werden.

Begrüßen sich Damen und Herren, so reichen sich zuerst die Damen die Hände, dann die Damen den Herren, erst dann begrüßen sich die Herren mit Handschlag. Übrigens gilt es als grobe Abfuhr, wenn die zum Gruß angebotene Hand nicht ergriffen wird! Sitzen Sie zur Begrüßung am Tisch, so darf die Hand auch über den Tisch gereicht werden – aber nie über andere Personen oder eine gedeckte Tafel hinweg und schon gar nicht, wenn auf dem Tisch Speisen stehen. Auch hier begrüßen Sie zuerst den Ranghöchsten, dann die übrigen Gäste der Reihe nach.

Damen können zur Begrüßung sitzen bleiben. Allerdings sind hier Ausnahmen zu beachten. Die Gastgeberin wird zur Begrüßung ihrer Gäste aufstehen, das gilt auch für die Sekretärin, die Geschäftsgäste in Empfang nimmt. Die Dame wird zur Begrüßung auch dann aufstehen, wenn ein sehr alter Mensch oder eine Amtsperson ihren besonderen Respekt verlangt. Herren müssen in der Regel zur Begrüßung immer aufstehen – egal, in welcher Situation und wer zu begrüßen ist. Dies gilt insbesondere auch für die Angetraute.

Im Zuge der Gleichberechtigung der Frauen ist es heute aber auch durchaus üblich, dass die Damen aufstehen und damit ihre Selbstbestimmung ausdrücken.

Eine gute Nachricht für kaltes und frostiges Wetter im Winter: Handschuhe müssen zur Begrüßung nicht mehr ausgezogen werden. Noch vor einiger Zeit wurde dies anders gehandhabt, aber hier haben sich die gesellschaftlichen Regeln sehr gelockert. Auch Handschuhe, die die festliche Abendgarderobe ergänzen, werden selbstverständlich nicht abgelegt.

Auch für das Bekanntmachen und Vorstellen spielt die Rangfolge eine wichtige Rolle: Gleichgestellte werden miteinander bekannt gemacht. Personen unterschiedlichen Ranges und Alters werden vorgestellt. Folgende Regeln gelten beim Vorstellen:

- Der Mitarbeiter > dem Chef
- Der Vertreter > dem Kunden
- Der Herr > der Dame
- Der Jüngere > dem Älteren
- Der Einzelne > der Gruppe (reihum)
- Der Gastgeber > dem Gast (oder umgekehrt)

Diese Rangfolge halten Sie – wenn möglich – auch beim Bekanntmachen ein. Hierbei kommt es auch auf die gewählten Formulierungen an, wie etwa:

- „Hatten Sie schon Gelegenheit, unseren neuen Mitarbeiter, Herrn Meier, kennen zu lernen? Er ist seit …"
- Oder: „Das ist Herr Meier, unser neuer Mitarbeiter. Er ist seit …"

Im beruflichen Bereich sollten beim Bekanntmachen und Vorstellen nicht nur die Namen „angesagt" werden. Hier ist die Nennung der Titel und zusätzlicher Informationen (etwa zur jeweiligen Position oder Funktion) hilfreich für einen Gesprächseinstieg. Werden Visitenkarten ausgetauscht, ist darauf zu achten, dass die Schrift zum Empfänger zeigt. Empfangene Visitenkarten werden erst gelesen und dann eingesteckt (siehe auch oben „Der Austausch von Visitenkarten"). Werden Sie vorgestellt oder mit jemandem bekannt gemacht, sagen Sie nicht „angenehm" oder „sehr erfreut". Das ist heute antiquiert und wirkt zudem recht steif. Sagen Sie einfach: „Guten Tag, Herr

Meier!" oder: „Guten Tag, Herr Meier. Schön, dass ich Sie endlich persönlich kennen lerne." Nennen Sie unbedingt den Namen dessen, der Ihnen vorgestellt wird. Dies wirkt freundlich und wertschätzend auf Ihr Gegenüber. Zudem merken Sie sich den Namen besser, weil Sie ihn schon mal ausgesprochen haben. Und der Angesprochene kann korrigieren, falls Sie den Namen nicht richtig verstanden haben. Wenn Sie sich selbst vorstellen müssen, tun Sie es im ganzen Satz, wie „Mein Name ist Schmidt", „Ich heiße Schmidt" oder „Ich bin Susanne Schmidt".

Die Nennung des Vornamens ist allerdings nicht nach jedermanns Geschmack. Aber es ist trotzdem zu empfehlen, weil es eine vertrauensvolle Situation befördert und Verwechslungen verhindern kann. Zudem ist es international durchaus üblich.

Auch zur Selbstvorstellung können zusätzliche Informationen für den Gesprächspartner wichtig sein. Also: „Ich bin Susanne Schmidt, die Assistentin von Frau Dr. Meier." Damit ist der Gesprächspartner informiert und sollte seine Vorstellung ähnlich gestalten. Grundfalsch dagegen ist es, sich selbst mit den Anredeformeln „Herr" und „Frau" vorzustellen.

Es gibt auch Situationen, in denen eine Selbstvorstellung unüblich ist. Am Postschalter oder am Infotresen muss man sich nicht vorstellen. Das gilt auch, wenn auf der Straße andere Passanten gefragt werden. Auch in einem Wartezimmer reicht eine Begrüßung der anderen Wartenden. Gleiches gilt für eine Reise mit dem Zug oder der Bahn.

In Begrüßungssituationen ist auch die Wahrung der individuellen Distanzzonen wichtig. Die sogenannte Intimdistanz
reicht etwa einen halben Meter um uns herum und darf auf
keinen Fall verletzt werden. Denn darauf reagieren wir in aller
Regel mit Rückzug, da es einfach unangenehm ist, wenn uns
jemand zu nahe kommt. Die persönliche Distanz (bis 1,5 Meter
um uns herum) sollte ebenfalls gewahrt werden. Und schließlich gibt es die gesellschaftliche Distanz mit einer Reichweite bis
zu 3 Meter.

Vergessen Sie auf keinen Fall eine positive Mimik und den Blickkontakt. Herren sollten darauf achten, dass ihr Jackett geschlossen ist, allerdings bleibt der untere Knopf immer offen. Und das

gilt auch für die Weste. Die Hände sollten stets sichtbar sein. Eine Hand in der Hosentasche sollte die Ausnahme sein, denn das könnte als respektlos angesehen werden.

Anrede und Titel

Jede Dame wird mit „Frau" angesprochen! Der Begriff „Fräulein" ist veraltet. Es sei denn, die Dame besteht darauf. Jeder Herr wird mit „Herr" angesprochen. Aus der Mode gekommen sind auch Begriffe wie Gatte und Gattin oder „gnädige Frau". Und es ist längst üblich, dass auch unverheiratete Paare ihre jeweiligen Partner als „Meine Frau" oder „Mein Mann" vorstellen.

Alle Menschen tragen einen Namen und hören ihn auch gern. Zudem schafft die Anrede mit dem Namen Nähe. Akademische Titel, Funktionsbezeichnungen oder Adelstitel gehören zum Namen dazu und sind auch bei der Anrede zu beachten. Akademische Titel sind zumeist durch viel Fleiß und harte Arbeit erworben. Ihre „Besitzer" haben ein Anrecht darauf, mit dem Titel und dem Namen angesprochen zu werden. Liegen mehrere Titel vor, wird in der Anrede der jeweils höchste Titel genannt. Also aus Prof. Dr. Dr. Müller wird bei der Anrede schlicht „Frau Professor Müller".

Es ist zudem unangebracht, seine Titel selbst zu nennen. Auch wenn Sie beeindruckende Titel Ihr Eigen nennen, stellen Sie sich einfach mit „Ich bin Susi Super" vor. Ihr Gesprächspartner wird Sie nun mit „Frau Super" anreden. Kommt allerdings eine dritte Person dazu, die Sie mit „Frau Doktor Super" anredet, muss sich auch Ihr Gesprächspartner sofort darauf einstellen. Titelträger unter sich verzichten normalerweise auf die Anrede mit Titeln. Eine Ausnahme gibt es im medizinischen Bereich. Ärzte stellen sich bei ihren Patienten mit ihrem Doktortitel vor, um auf ihre abgeschlossene Facharztausbildung hinzuweisen.

Ein Beispiel: Hubertus Krösus hat es geschafft. Gestern erhielt er im Rahmen einer kleinen Feierstunde seine Promotionsurkunde. Er ist nun nicht mehr nur Rechtsanwalt, sondern ein „Dr. jur.". Das neue Schild für seine Kanzlei hat er schon vor Wochen in Auftrag gegeben, endlich kann er es an der Hauswand auch austauschen. Die neuen Visitenkarten sind zusammen mit dem Briefpapier ebenfalls eingetroffen. Die Überarbeitung seiner Website soll in der nächsten Woche abgeschlossen werden. Nun macht sich Dr. Krösus daran, seine E-Mail-Adresse zu ändern. Aus „hubertus.krösus@gmx.de" wird „Dr.Krösus@gmx.de". Auch die Signatur wird künftig auf die neue Errungenschaft hinweisen. Schließlich beantragt er eine neue Karte bei seiner Krankenkasse, fordert eine neue EC-Karte an und lässt die Kreditkarten ändern. In den nächsten Tagen wird er sich aufs Amt begeben und seinen Führerschein, den Personalausweis und den Reisepass erneuern lassen. Muss ja alles seine Ordnung haben. Und am Telefon meldet sich Krösus ab sofort mit: „Dr. Krösus, was kann ich für Sie tun?"

Die Schriftform weicht von diesen persönlichen Umgangsformen ab. In der Briefanschrift werden stets alle Titel genannt:

- In der Adresse: Frau Prof. Dr. Dr. Müller
- Die Anrede im Brief lautet in diesem Fall korrekt:
  Sehr geehrte Frau Professor Müller, ...
- Bitte beachten: Titel sind auf Ehepartner nicht (mehr) übertragbar.

Zahlreiche Berufsgruppen haben zudem ihre eigenen Titel. Sie werden allerdings nur gebraucht, wenn der Titelträger in seiner Funktion auftritt:

Ein Beispiel: „Ich begrüße Herrn Oberstadtdirektor Dr. Niemand zu unserer Tagung." Im normalen Gespräch heißt es dagegen schlicht „Herr Dr. Niemand".

Die zehn höchsten Repräsentanten der Bundesrepublik Deutschland tragen folgende Titel. Diese numerisch aufgezählten Titel entsprechen zugleich einer Rangordnung, die von den Berliner Protokollbeamten festgelegt wurde:
1. Bundespräsident
2. Präsident des Bundestages
3. Bundeskanzler
4. Präsident des Bundesrates
5. Präsident des Bundesverfassungsgerichtes
6. Doyen des Diplomatischen Korps
7. Botschafter
8. Ehemalige Bundespräsidenten
9. Vorsitzende der Bischofskonferenz, des Rates der Evangelischen Kirche und des Zentralrates der Juden in Deutschland
10. Ehemalige Bundeskanzler, Bundestagspräsidenten, Bundesverfassungsgerichtspräsidenten

Ansonsten sind Berufsbezeichnungen heute nicht mehr titelfähig (im Unterschied zu Österreich). Eine Ausnahme bilden dabei allerdings auch hierzulande Geistliche. Die Anrede mit „Frau Pastor" oder „Herr Pfarrer" ist durchaus üblich.

Adelsprädikat richtig benutzen

Schon 1919 wurden bei uns die Standesrechte des Adels abgeschafft. Nach deutscher Rechtsprechung gehören Adelstitel zwar zum Namen, aber es besteht kein Rechtsanspruch mehr. Wollen Sie das Adelsprädikat trotzdem benutzen, platzieren Sie es zwischen dem Vor- und dem Familiennamen, wie „Max Graf Hochdeutsch".

Das Adelsprädikat schluckt dann aber die übliche Anrede „Herr" und „Frau". Die Anrede „Herr Graf" darf nur seine Dienerschaft verwenden, wir sagen einfach „Graf Hochdeutsch". Und im Alltag wird aus „Freiherr von Plattdeutsch" schlicht „Herr von Plattdeutsch". Die Anrede „Königliche Hoheit" steht nur den Mitgliedern regierender Königshäuser zu. Adelige aus nichtregierenden Häusern können mit „Durchlaucht" angesprochen werden. Sind Sie in einer bestimmten Situation unsicher, können Sie den Betreffenden fragen, wie er denn üblicherweise angesprochen werden möchte. Ansonsten orientieren Sie sich einfach am Vorbild der anderen.

Die Sitzordnung bei Tisch

Bei größeren offiziellen Anlässen empfiehlt es sich, vorab über eine Sitzordnung nachzudenken. Hier sind nicht nur Regeln, sondern vor allem auch viel Fingerspitzengefühl gefragt, denn die Sitzordnung widerspiegelt die Rangordnung. So ist der zugewiesene Platz immer auch Ausdruck der Stellung einer Person. Grundsätzlich gilt: Je näher zum Gastgeber, desto höher der Rang.

Die Sitzordnung sollte zugleich aber auch flexibel angewandt werden. Man sollte keine Gäste nebeneinander sitzen lassen, die sich nicht ausstehen können, die allzu verschiedene oder gar gegensätzliche Interessen haben, die nicht dieselbe Sprache sprechen oder die einen sehr großen Altersunterschied aufweisen.

Wenn alle Gäste an einer großen Tafel platziert werden, stellt sich die Frage nach der Rangabstufung. Das Problem wird abgeschwächt, wenn mehrere runde Tische geordnet werden. Hier gibt es kein „oben" und „unten". Es ist peinlich, wenn die Gäste einer großen Gesellschaft auf der Suche nach ihren Plätzen um die Tische schleichen und nach ihren Namensschildern Ausschau halten müssen. Mit einem „Placement", also einer bezeichneten Skizze, die beim Betreten des Raumes

Die Sitzordnung diplomatisch geschickt gestalten.

studiert werden kann, ist das Problem gelöst. Dieses „Placement" zeigt genau an, wo die Gäste ihre Namensschilder auf den Tischen finden werden. Die Tische sollten nicht nummeriert, sondern nach dem Alphabet aufgezählt werden. Nummerierte Tische könnten als Rangfolge missverstanden werden.

Die Regeln für die Platzierung haben sich aber inzwischen gelockert. Aus der alten Muss- (Ehepaare werden getrennt platziert) ist eine Kann-Bestimmung geworden. Jeder Gastgeber sollte zuerst das Wohlbefinden seiner Gäste im Auge haben. Frischverliebte sitzen natürlich nebeneinander.

Besonderes Augenmerk gilt ausländischen Gästen. Sie dürfen durch die Platzierung nicht in die sprachliche Isolation getrieben werden. In diesem Fall verletzen Sie lieber die Regeln.

Die Plätze neben den jeweiligen Gastgebern gelten als Ehrenplätze. Hier gibt es allerdings einen Unterschied zwischen der deutschen und der internationalen Sitzordnung. Nach der deutschen Tischordnung sitzt der ranghöchste Herr, der Ehrengast, links neben der Gastgeberin und führt sie auch zu Tisch. Die ranghöchste Dame sitzt rechts neben dem Gastgeber, der sie auch zu Tisch führt.

Nach der internationalen Tischordnung sitzt der ranghöchste Herr, der Ehrengast, rechts neben der Gastgeberin. Die ranghöchste Dame sitzt rechts neben dem Gastgeber. Der Rang der jeweiligen Begleitperson entspricht dabei dem Rang des eigentlichen Gastes. Der jeweilige Tischherr führt seine Tischdame nicht nur zu Tisch. Er ist auch während der Veranstaltung für sie „zuständig" und verantwortlich. Dazu gehört, dass er sie mit Small Talk unterhält und ihr nachschenkt, wenn Getränke zur freien Verfügung stehen. Eine weitere Regel besagt, dass der Tischherr immer aufsteht, wenn seine Dame den Tisch verlässt oder an den Tisch zurückkehrt.

Beachten Sie die internationale Sitzordnung.

Wenn Sie mehr über die Regeln bei Tisch, also über die Tischsitten, erfahren wollen, so schlagen Sie weiter hinten im Buch das Kapitel „Im Restaurant" auf, denn es macht keinen Unterschied, ob Sie sich privat oder geschäftlich im Restaurant treffen – die Tischsitten gelten immer!

Check-up: So geht's!

😊 Geschäftspartner formvollendet und informativ einladen

😊 Den Besuch umsichtig vorbereiten

😊 Gäste aufmerksam empfangen

😊 Hilfe mit der Garderobe anbieten

😊 Die jeweilige Rangfolge beachten

😊 Beim Vorstellen Zusatzinformationen geben

😊 Sich selbst im ganzen Satz vorstellen

😊 Akademische Titel, Adelstitel und Funktionsbezeichnungen richtig gebrauchen

😊 Sitzordnung so gestalten, dass sich jeder Gast wohl fühlt

Check-up: Und so bitte nie wieder!

☹ Verwirrende Abkürzungen in Einladungen verwenden

☹ Bekleidungshinweise missachten

☹ Gäste einfach grundlos warten lassen

☹ Visitenkarten kommentarlos einstecken

☹ „Angenehm" oder „sehr erfreut" als Floskeln beim Vorstellen

☹ Die Distanzzone verletzen

☹ Sich selbst als „Dr." mit Titel vorstellen

☹ Titel auf die jeweiligen Lebenspartner übertragen

☹ Handschlag über einen gedeckten Tisch hinweg

Auch in der Familie gilt gutes Benehmen

In der sprichwörtlichen „guten Kinderstube" werden die Weichen gestellt. Schon Vorschulkinder müssen Freundlichkeit lernen. Dabei werden sich Kinder immer an den sie umgebenden Vorbildern orientieren und sie einfach kopieren. Ist das familiäre Miteinander von Achtung füreinander geprägt, können sich gute Grundlagen für lebenslängliches gutes Benehmen herausbilden. Das verlangt von Eltern und Großeltern meist viel Geduld.

Eltern sind Vorbilder

Im Kindesalter werden die Grundlagen für das künftige Benehmen und Verhalten der lieben Kleinen gegenüber Dritten gelegt. Kinder lernen auch durch Nachahmung. Das macht alle Eltern zu Vorbildern, sie sind die „Trendsetter" in Sachen Benimm. Kinder beobachten ihre Umgebung und das Verhalten ihrer Bezugspersonen. Sie werden bestrebt sein, dieses Verhalten zu kopieren.

Der Ton, den Mutter und Vater im täglichen Miteinander pflegen, wird für die Kinder in der Familie zur Norm. Wenn Mutter und Vater sich nicht wertschätzend und respektvoll verhalten, werden es ihre Nachkommen auch nicht lernen. Wenn Eltern im Umgang miteinander die beiden Zauberworte „Bitte" und „Danke" nicht gebrauchen, werden es ihre Kinder später auch nicht tun.

Darüber hinaus müssen Kinder natürlich zu einem guten Benehmen auch erzogen werden. Alle Eltern sind gut beraten, wenn sie ihren Kindern höfliche Umgangsformen beibringen. Dazu gehört der Respekt vor Oma und Opa genauso wie vor den eigenen Geschwistern. Ein Kind muss die Erfahrung machen, dass es mit Freundlichkeit mehr erreicht als mit lautstarken Forderungen.

Wir alle brauchen Regeln und Normen, die unseren Alltag leiten. Das gilt gerade und ganz besonders für Kinder. Solche familiären Regeln und Normen müssen auch von den Eltern gelebt

Im Familienleben gelten Normen und Regeln.

werden. Dazu können gemeinsame Mahlzeiten gehören. An einem aufmerksam gedeckten Tisch versammelt sich die ganze Familie zum Essen. Hier ist natürlich auf Tischmanieren zu achten. Wenn Kinder frühzeitig den Umgang mit dem Besteck lernen, können sie das auch außerhalb der Familie, z. B. bei einem Restaurantbesuch.

Darüber hinaus ist es wichtig, dass Kinder Regelmäßigkeit erleben. Wir essen immer mit Besteck und nicht nur, wenn Besuch da ist, vor dem wir glänzen wollen. Das wird dann auch sowieso nicht funktionieren. Mal ganz abgesehen davon, dass situationsabhängige Regeln und Normen die Glaubwürdigkeit der Eltern untergraben. Kinder sind dann verwirrt und es fällt ihnen schwer, sich zu orientieren.

Das heißt andererseits nicht, dass wir devote Untertanen heran-
züchten sollen. Kinder haben eigene Bedürfnisse und die müssen sie auch kindgemäß äußern können. Entscheidend ist, wie
die Eltern darauf reagieren.

Das Wort von der Bildungsgesellschaft macht die Runde. Immer wieder beschwören Politiker aller Parteien die Notwendigkeit und den Wert der Bildung. Das ist sicher richtig. Es darf aber dabei auch die Herzensbildung nicht vergessen werden. Und Herzensbildung heißt eben auch, die Bedürfnisse der umgebenden Menschen zu berücksichtigen und ihnen nach Möglichkeit zu entsprechen. Herzensbildung ist kein Schulfach. Hier kommen verschiedene Aspekte zusammen. Ganz sicher werden die Grundlagen dafür im Elternhaus gelegt. Herzensbildung zeichnet sich eben aus durch einen wachsamen, respektvollen Umgang miteinander. Statt die Ellenbogen zu benutzen, lieber freundlich lächeln. Statt verbaler Aggressionen lieber um Verständnis für den anderen ringen.

Eine private Streitkultur pflegen

Natürlich gibt es wie in allen Lebensbereichen auch in Familien strittige Themen, die dann ausgetragen werden müssen. Es muss sich eine individuelle Streitkultur entwickeln, die sich nicht an den Machtbestrebungen Einzelner orientiert, sondern das Wohl aller im Auge hat. Nicht immer ist davon auszugehen, dass unsere Ansicht die einzig wahre ist. Jeder hat seine eigenen Wahrheiten, wir alle urteilen nach verschiedenen Erfahrungswerten und sind durch Kindheit, Jugend und sozialen Hintergrund unterschiedlich geprägt. Es kommt nicht darauf an, die eigene Meinung durchzusetzen, sondern nach einem Kompromiss zu suchen, der verschiedene Seiten berücksichtigt. Dazu müssen alle Beteiligten Gelegenheit haben, ihre ganz subjektive Sicht der Dinge oder Wünsche auszusprechen. Nur dann kann nach einem Ausweg gesucht werden, den auch wirklich alle mitgehen.

Das wird nur in einer vertrauensvollen Atmosphäre gelingen. Wenn Kindern nach einer Beichte der Kopf gewaschen wird und ihnen Sanktionen auferlegt werden, werden sie sich die nächste fällige „Beichte" wohl gut überlegen. Solche Maßnahmen erschüttern zumeist das Vertrauen – und Kinder brauchen Vertrauen.

Ein Beispiel: Elias hat zu seinem fünften Geburtstag ein neues Fahrrad bekommen. Damit fährt er in Begleitung seines Opas morgens in den Kindergarten. Manchmal nutzt er sein Fahrrad auch, um in der Spielstraße mit seinen Freunden zu radeln. Eines Tages stürzt Elias beim Spielen; er hat ein paar oberflächliche Schürfwunden am rechten Knie, an seinem neuen Fahrrad ist jedoch der Spiegel abgebrochen. Elias kommt traurig nach Hause. Seine Mutter nimmt ihn tröstend in den Arm und versorgt seine Schürfwunde mit einem bunten Kinderpflaster. Dann gehen sie beide mit dem kaputten Fahrrad zum Opa, der in der Nachbarschaft wohnt, um ihn zu bitten, das Fahrrad zu reparieren. Am nächsten Morgen muss Elias wieder auf dem Kindersitz von Opas Rad Platz nehmen, der ihn in den Kindergarten bringt. Opa besorgt einen neuen Spiegel, repariert das Rad, und die Welt von Elias ist wieder in Ordnung.

Natürlich ist es ärgerlich, dass das neue Fahrrad Schaden genommen hat. Aber wenn man davon ausgeht, dass der Junge nicht in böswilliger Absicht gehandelt hat, bleibt eigentlich gar keine andere Verhaltensalternative. Elias selbst ärgert sich ja schon genug über den Schaden am neuen Rad. Jede Standpauke oder gar weitere Sanktionen wären völlig fehl am Platz. Sie hätten möglicherweise zur Folge, dass sich der Junge künftig nicht mehr traut, kommende Missgeschicke zu Hause zu beichten.

Eine familiäre Streitkultur zu entwickeln heißt nicht, jede kritische Situation vor den Kindern geheim zu halten. Kinder müssen auch lernen, dass es im Leben zu Konflikten kommt. Wichtig ist, auch im Konfliktfall respektvoll und wertschätzend miteinander umzugehen.

Sich anschreiende Eltern erzeugen bei ihren Kindern Ängste. Hier macht der Ton die Musik. Wenn der Ton stimmt, dann fällt es auch leichter, sich wirklich zuzuhören und möglicherweise auch Verständnis für die andere Seite zu entwickeln. Jeder muss seine individuelle Sicht ruhig beschreiben dürfen, und jeder kann erwarten, dass der andere auch wirklich zuhört. Erst dann können gemeinsam Lösungen gesucht werden.

Großeltern spielen in der Erziehung der Enkel in vielen Familien ebenfalls eine wichtige Rolle. Sie übernehmen teilweise oder regelmäßig die Betreuung der Kleinen. Oma und Opa haben mit der Erziehung ihrer Kinder (die nun selbst Kinder haben) ihre eigenen Erfahrungen gemacht und eigene Wertvorstellungen sowie Maßstäbe gebildet. Allerdings sollten hier immer die Grundsätze der Eltern Gültigkeit haben – selbst wenn Oma und Opa manche Frage

Die Großeltern unterstützen den Erziehungsstil der Eltern.

anders angehen würden. Die Eltern sind diejenigen, die für die Erziehung ihrer Kinder die Regeln machen. Daran sollten sich die Großeltern auch halten, sonst werden die Kinder, die ja auch nach Halt, Sicherheit und Orientierung suchen, schnell verwirrt.

Check-up: So geht's!

- 😊 Auch zu Hause gelten die Benimm-Regeln
- 😊 Die Kinder zum guten Benehmen erziehen
- 😊 Die eigene Vorbildwirkung positiv nutzen
- 😊 Vertrauen schaffen
- 😊 Grundtugenden anerziehen

Check-up: Und so bitte nie wieder!

- 🙁 Vor den Kindern offenen „Krieg" führen
- 🙁 Sich gegenseitig ausspielen
- 🙁 Widersprüchliche Erziehungsstile zulassen
- 🙁 Nicht zum eigenen Wort stehen
- 🙁 Kinder für ihre Ehrlichkeit bestrafen

Wenn Gäste ins Haus kommen

Egal, wer eingeladen wird, ob die Verwandtschaft, Freunde oder Nachbarn, alle verdienen besondere Aufmerksamkeit, unabhängig vom jeweiligen Anlass. Schließlich haben sie sich Zeit genommen, um ein paar Stunden mit Ihnen in entspannter Atmosphäre zu verbringen. Da dürfen sie auch erwarten, von Ihnen aufmerksam umsorgt zu werden. Schließlich wollen alle den Besuch in bester Erinnerung behalten. Dazu ist es notwendig, schon lange vor dem geplanten Termin mit der Vorbereitung zu beginnen. Damit können Sie peinliche Pannen zum Termin vermeiden.

Private Feste vorbereiten

Der Erfolg privater Feierlichkeiten ist auch ganz wesentlich von der Planung und Vorbereitung abhängig. Zunächst muss der Gästekreis geklärt und ein Termin benannt werden. Dann können die Gäste mit einem entsprechenden zeitlichen Vorlauf eingeladen werden. Auch der finanzielle Rahmen sollte im Vorfeld geklärt werden. Wenn die Personenzahl bekannt ist, beginnt die eigentliche Vorbereitung. Hierzu empfiehlt es sich, alle notwendigen Maßnahmen in einer Checkliste zu erfassen.

Ein Beispiel: Frau Schulz möchte zum 40. Geburtstag ihres Mannes am 30. August zu einem Brunch in ihrem Garten einladen. Dazu erstellt sie folgende Checkliste:

- *Gästeliste mit Angaben: Wer wird eingeladen? Wer sagt zu/ab? Anzahl der Gäste?*
- *Festzelt bestellen, dazu auch Tische, Stühle, Tischwäsche, Geschirr, Gläser, Besteck, Servietten; Termine zum Aufbau und Abbau fixieren*
- *Cateringangebote einholen und Auftrag erteilen*
- *Getränke bestellen – mit konkretem Liefertermin*
- *Besonderheiten der Gäste?*
- *Einkaufsliste für sonstiges Zubehör, wie individuelle Tischdekoration*
- *Notwendige Vorarbeiten in Haus und Garten*
- *Eine Menükarte erstellen*
- *Tischrede vorbereiten*
- *Gästeempfang planen – mit Begrüßungsgetränken*
- *Blumenvasen vorbereiten*

Damit hat Frau Schulz immer den Überblick über notwendige Arbeiten und kann dem Fest entspannt entgegensehen. Für Feste mit einer größeren Personenzahl sollten externe Dienstleister in Anspruch genommen werden.

Zur Festvorbereitung gehört nicht nur, dass die Gäste mit Speisen und Getränken versorgt werden können. Es sind in Abhängigkeit von den zu erwartenden Personen auch andere Überlegungen anzustellen. Die ältesten Familienmitglieder brauchen vielleicht besondere Betreuung und Fürsorge. Kinder langweilen sich schnell. Sie sollten sich überlegen, wie Kinder entsprechend ihren Bedürfnissen versorgt und vor allem unterhalten werden können.

In jedem Falle ist die Vorbereitung so zu gestalten, dass die eintreffenden Gäste in Ruhe und ohne Hektik mit voller Aufmerksamkeit empfangen werden können. Gäste sollten von Anfang an das Gefühl bekommen, wirklich willkommen zu sein. Es stört die Atmosphäre, wenn in Anwesenheit der ersten Gäste noch letzte Vorbereitungen getroffen werden müssen.

Den Tisch decken

Eine festliche Tafel benötigt zahlreiches: Tischwäsche, Geschirr und Gläser, Besteck, Servietten, Dekoration und gegebenenfalls Namensschilder, wenn die Gäste platziert werden sollen. Für eine Festtafel ist weiße Tischwäsche zu empfehlen, die natürlich in einem Topzustand zum Einsatz kommt. Pro Gedeck werden mindestens 60 cm bis maximal 80 cm Platz gebraucht. Platzteller können eine gute Orientierung sein. Sie werden als erstes eingesetzt, dann folgen das Besteck, die Gläser, die Servietten, die Tischdekoration und abschließend die Namenskarten.

Besteck

Das Besteck wird entsprechend der geplanten Gänge rechts und links vom Platzteller angeordnet. Das Besteck für den Hauptgang finden Sie innen, die Besteckteile für Vorspeisen liegen außen.

Besteck wird immer von außen nach innen benutzt, so wird es auch eingedeckt. Das Dessertbesteck liegt über dem Platzteller. Weitere Informationen finden Sie im Kapitel „Im Restaurant".

Gläser

Für unterschiedliche Getränke sind auch unterschiedliche Gläser einzudecken. Das größte Glas (meist für Rotwein) ist das sogenannte Richtglas und steht über dem Messer für den Hauptgang. Davon werden die anderen Gläser nach rechts angeordnet. Ein Wasserglas sollte immer vor den Gläsern stehen, um einen schnellen Zugriff zu ermöglichen.

Servietten

Die Servietten können – entsprechend gefaltet – auf dem Platzteller untergebracht werden. Festliche Tafeln werden immer symmetrisch gedeckt, das heißt, alle Gedecke sind gleich zu gestalten, unabhängig davon, ob einer der Gäste Linkshänder ist oder ein Vegetarier einen anderen Hauptgang bekommt. Der Linkshänder wird möglicherweise Messer und Gabel beim Gebrauch vertauschen und der Vegetarier bekommt mit seinem Tellergericht spezielles Besteck.

Menükarten

Hübsch gestaltete Menükarten, die jedem Gast einen Überblick über die zu erwartenden Speisen und Getränke geben, können Bestandteil der Tischdekoration sein. Sie können auch gleichzeitig als Namensschilder dienen, wenn sie gut sichtbar mit dem Namenszug des Gastes beschriftet sind.

Tischdekoration

Die Tischdekoration kann fantasiereich ausfallen, wenn zwei grundsätzliche Regeln beachtet werden: Erstens ist die Höhe der Tischdekoration so zu wählen, dass sie nicht die Sicht zum Gegenüber behindert. Hohe Kerzenständer sind damit als Tischdekoration nur wenig geeignet, denn es ist für die Gäste unangenehm, wenn sie immer dem Kerzenständer ausweichen müssen, um mit dem Gegenüber in Blickkontakt zu treten. Zweitens ist bei der Auswahl von Blumenschmuck Vorsicht geboten. Blumen sollten ebenfalls nicht die freie Sicht über den Tisch behindern.

Sie sollten vor allem aber mit ihrem Duft nicht von den Speisen ablenken. Und schließlich sind solche Blumen auszuwählen, die nicht den Blütenstaub verlieren.

Platzierung der Gäste

Ehrengäste sind immer in der Nähe der Gastgeber zu platzieren. Grundsätzlich sollten Gäste, die sich kennen, nicht nebeneinander sitzen. Das gilt auch für Ehepaare und Geschwister. Der Grund dafür liegt auf der Hand: Die Kommunikation bei Tisch kommt nur schwer in Gang, weil jeder das Gespräch mit dem Bekannten vorziehen wird, als mit einem fremden Gast die Kunst des Small Talks zu pflegen. Allerdings wird diese Regel heute sehr variabel ausgelegt. Frisch verliebte Pärchen sollten gar nicht getrennt werden. Ansonsten sind bei der Platzauswahl auch Sympathien und Antipathien zu berücksichtigen. Wenn Onkel Paul und Tante Frieda schon seit zehn Jahren nicht mehr miteinander reden, muss man sie bei einer Familienfeier nicht unbedingt nebeneinander setzen. Das würde die Stimmung am Tisch sicherlich nicht verbessern.

Für eine angenehme Atmosphäre sorgen

Für eine angenehme Atmosphäre ist schon der Empfang der Gäste wichtig. Alle Gäste werden persönlich empfangen, je weiter Sie ihnen entgegengehen, desto mehr empfinden sie es als Entgegenkommen. Dazu gehört nicht nur die persönliche Begrüßung. Mit ein paar freundlichen Worten, wie „Schön, dass Ihr gekommen seid", sollen die Gäste willkommen geheißen werden. Die Gastgeber begrüßen ihre Gäste mit Handschlag, schließlich ist das ihr Reich, in dem die Gastgeber Chef sind.

Die Garderobe der Gäste wird sorgfältig aufbewahrt, das heißt auf Kleiderbügel gehängt, nicht aufs Bett gelegt. Der geladene Herr hilft seiner Dame aus dem Mantel, nicht der Gastgeber. Der sollte sich auch dann nicht einmischen, wenn der Gast seiner Dame unachtsam nicht beim Ablegen des Mantels hilft. Die Gäste sollten immer mit einem Begrüßungsgetränk empfangen werden. Das stimmt sie auf das Fest ein und hilft auch, die Zeit zu überbrücken, bis alle Gäste eingetroffen sind. Gäste, die sich bisher nicht kennen, müssen miteinander bekannt gemacht und ins Gespräch gebracht werden. Das schafft für die Gäste Sicherheit und trägt zu ihrem Wohlbefinden bei.

Wenn Gäste nicht zur angegebenen Zeit da sind und ihre Verspätung nicht telefonisch angekündigt haben, sollten gute Gastgeber 15 Minuten warten – aber auch nicht länger. Es gibt keinen Grund, die pünktlichen Gäste zu „bestrafen" und ihnen ein verkochtes oder kaltes Essen zu servieren.

Zu privaten Feierlichkeiten kann auch Musik gehören. Bei der Auswahl ist aber Vorsicht geboten. Nicht jede Art von Musik passt auf jede Situation und ist jedermanns Geschmack. Außerdem sollte die Lautstärke so gewählt werden, dass jederzeit entspannt Gespräche geführt werden können. Wenn Gäste sich anschreien müssen, wird das schnell anstrengend.

Die Gastgeber sind in der Pflicht, umsichtig immer die Versorgung ihrer Gäste im Auge zu haben. Niemand sollte vor leeren Gläsern sitzen. Beim Small Talk ist zudem darauf zu achten, dass sich alle Gäste an den Gesprächen beteiligen können. So steht einem gemütlichen Abend nichts mehr im Wege.

Die eigenen Haustiere sollten für die Dauer des Besuches nicht in Erscheinung treten. Es ist zu akzeptieren, dass Gäste Allergien, Ängste und ähnliche Distanzbedürfnisse haben. Wer von einer Tierhaarallergie geplagt ist, wird den ganzen Abend nicht genießen können, wenn der hauseigene Stubentiger auf der Couch liegt.

Auch die spezifischen Wünsche von Diabetikern und Vegetariern sind – wenn bekannt – zu berücksichtigen, um auch ihnen die Teilnahme am gemeinsamen Essen zu ermöglichen. Außerdem wird es der Vegetarier als besondere Aufmerksamkeit und Wertschätzung verstehen, wenn er ein Extramenü bekommt.

Wir sind Gäste!

Bisher haben wir uns vor allem mit den Anforderungen an private Gastgeber beschäftigt. Aber als Gäste haben wir uns natürlich auch an ein paar Regeln zu halten. Zunächst ist die Einladung verlässlich zu beantworten. Ist das Kommen zugesagt, wird der Gastgeber mit uns rechnen und uns in seiner Vorbereitung einplanen. Für kurzfristige Absagen braucht es daher schon einen sehr triftigen Grund. Man sagt die Einladung zu einem

Abendessen im Freundeskreis nicht einfach aus einer Laune heraus kurzfristig ab.

Als Gäste kommen wir natürlich pünktlich und nie mit leeren Händen. Frische Schnittblumen sind die ideale Aufmerksamkeit. Topfpflanzen nur dann, wenn der Gastgeber sie liebt. Andere Möglichkeiten für Gastgeschenke sind Pralinen, eine gute Flasche Wein, eine CD, Gutscheine usw.

Auch im privaten Umfeld gilt, auf die passende Kleidung zu achten. Sind in der Einladung Kleiderhinweise gegeben, sind sie auch ernst zu nehmen. Unseren vierbeinigen Hausgenossen lassen wir natürlich zu Hause. Sollte das aus zwingenden Gründen nicht möglich sein, muss das vorab mit dem Gastgeber geklärt werden. Das Angebot, die Straßenschuhe gegen Gästehausschuhe zu wechseln, werden wir natürlich annehmen. Sie sorgen nicht nur für Bequemlichkeit und Wohlbefinden, sie schützen auch die Böden der Gastgeber. Allerdings ruinieren die Hauspantoffel die Abendgarderobe.

Die Gastgeber werden sich mit der Vorbereitung alle Mühe gegeben haben. Nun ist es an uns, unseren Beitrag zum Gelingen des Festes zu leisten. Hier gelten streng genommen die gleichen Regeln und Normen wie bei offiziellen Empfangen und Anlässen. Aber ein bisschen lockerer und unkonventioneller darf es bei Tisch dann schon zugehen.

Bei den Gesprächsthemen ist unbedingt darauf zu achten, dass alle mitreden und sich am Gespräch beteiligen können. Endlose Diskussionen über berufliche Belange zweier Kollegen sind für den Rest der Gesellschaft sicher nicht so spannend. Auch heftige Diskussionen zu strittigen Themen können schnell die Stimmung verderben. Ein „no go" ist es auch, über gemeinsame, aber abwesende Bekannte zu reden. Das muss zwar nicht die gesamte Stimmung beeinträchtigen, aber es ist schlechter Stil.

Zum Abschied werden wir uns natürlich bei den Gastgebern persönlich verabschieden und ihnen für den schönen Abend danken. Müssen Sie als Gast ein Fest vorzeitig verlassen, kündigen Sie das dem Gastgeber vorher an. Allerdings sollten Sie das Fest erst nach dem Dessert verlassen oder wenn das Geschirr abgetragen ist. Als Allergiker, Diabetiker oder Vegetarier sollten Sie Ihre Gastgeber rechtzeitig informieren. Nur so können sie sich auf Ihre speziellen Wünsche einstellen und auch für Ihr leibliches Wohl sorgen.

Kindergeburtstag

Kindergeburtstage können anstrengend sein, will man die Freunde der eigenen Kinder nicht ins nächste Fast-Food-Restaurant einladen. Es gehört viel Mühe für die Vorbereitung dazu. Im Grunde gelten die gleichen Regeln, nur eben altersgerecht umgesetzt. Auch die kleinen Gäste müssen rechtzeitig eingeladen werden. Und die Eltern der Gastkinder müssen sich ja auch darauf einstellen und der Einladung zustimmen. Daher sollte die Einladung immer auch den zeitlichen Rahmen abstecken und auf alle Fälle die Telefonnummer der Gastgeber ausweisen. Hinzu kommt die Klärung der Transportfrage –

werden die kleinen Gäste von den Eltern gebracht und wieder abgeholt oder muss ein familieneigener Shuttle-Service einge- richtet werden.

Für kindgerechte Speisen und Getränke muss im Vorfeld Sorge getragen werden. Auch hier sind Alternativen einzuplanen, denn nicht jedes Kind trinkt Kakao oder Schokolade. Natürlich gibt es auch zum Kindergeburtstag eine Festtafel, die liebevoll und dem Alter entsprechend dekoriert wurde. Gemäß Rangordnung steht das Geburtstagskind ganz im Mittelpunkt. Das sollte sich auch bei der Platzierung widerspiegeln.

Die kleinen Gäste sollen sich wohl fühlen. Dazu gehört auch, dass für ihre Unterhaltung gesorgt wird, damit sich keine Langeweile breitmacht, die allen die Stimmung verdirbt. Allerlei Spiele, die gemeinsam ge- **Spiele sollten vorbereitet sein.** spielt werden können, sind vorzubereiten. Schön ist es auch, wenn die jeweiligen Sieger mit einem Preis belohnt werden.

Die Feier zum Kindergeburtstag sollte auf alle Fälle in der Nachbarschaft angekündigt werden. Dann werden die angrenzenden Nachbarn auch mit Verständnis reagieren, wenn die Kinderschar sich lärmend unterhält und herumtobt.

Und für den Notfall: Es macht Sinn, wenn die Eltern aller geladenen Kinder während der Feier telefonisch erreichbar bleiben. Am besten, Sie fertigen vorab eine Telefonliste an, damit Sie unverzüglich und umsichtig reagieren können.

Wenn es plötzlich an der Tür klingelt

Jeder kennt folgende Situation: Gerade haben wir es uns auf der Couch bequem gemacht und die Füße hochgelegt – da klingelt es an der Tür. Plötzlich sind Gäste im Haus bzw. in der Wohnung.

Sie kommen unangemeldet und müssen nun nicht erwarten, dass sie mit einem Vier-Gänge-Menü bewirtet werden. Sie müssen auch damit rechnen, dass sie ungelegen kommen. Aber die Bemerkung „Macht Euch keine Umstände!" ist völlig fehl am Platz. Die Tatsache, dass sie plötzlich da sind, ist schon „Umstand" genug.

Wahrscheinlich gehören die Gäste zum vertrauten Freundeskreis (sonst sollte man zum Feierabend nicht unangemeldet in die Privatsphäre anderer Leute eindringen). Am besten Sie handeln wie folgt:

- Sie bieten Ihren Überraschungsgästen Plätze an und sorgen für Getränke.
- Spätestens jetzt sollte der Fernseher ausgeschaltet und der Laptop zugeklappt werden. Auch in dieser Situation kommt es darauf an, Gastgeberqualitäten zu beweisen.
- Das heißt zunächst mal volle Aufmerksamkeit für die Gäste. Als Gastgeber sollten Sie also nicht anfangen, überstürzt aufzuräumen oder sich gar gegenseitige Vorwürfe machen. Das macht einen schlechten Eindruck und verdirbt die Stimmung.

Auf die Verköstigung waren die Hausherren natürlich nicht eingestellt, der Kühlschrank ist ziemlich leer. Für diese Situation gibt es drei Alternativen: Erstens könnte man das Treffen zum „Italiener" an der Ecke verlegen oder zweitens bei ihm telefonisch Pizza bestellen. Die dritte Alternative ist ein Verzicht auf ein Speisenangebot. Das muss dann auch nicht wortreich begründet oder entschuldigt werden.

Und wenn Sie diesen Überraschungsbesuch freundlich beenden wollen, dann signalisieren Sie es einfach mit der charmanten Frage: „Wie wäre es mit einem Kaffee zum Abschluss?"

Ein Krankenbesuch

Auch das gehört zum Leben: Wir werden krank und müssen uns in ärztliche Obhut begeben. Ob stationäre oder ambulante Behandlung – wir sind jedenfalls vorübergehend vom gesellschaftlichen Leben ausgeschlossen. Während der Kranke seiner Genesung entgegensieht, kann es ganz schön langweilig werden. Da ist ein Besuch hoch willkommen, meistens jedenfalls. Aber das kann mit den Angehörigen des Kranken oder den behandelnden Ärzten schnell geklärt werden. Dabei sind folgende Fragen zu stellen:

- Ist ein Besuch ratsam?
- Wie lange sollte er dauern?
- Wann wäre es günstig?
- Gibt es Einschränkungen im Speiseplan?
- Womit kann dem Kranken eine Freude gemacht werden?

In den meisten Krankenhäusern gibt es keine Besuchszeiten. Trotzdem sollten sich Besucher an den internen Abläufen des

Krankenhausbetriebs orientieren. Da ist in den Vormittagsstunden für die Patienten meist viel zu tun. Nach dem Frühstück und der Visite stehen vielleicht weitere Untersuchungen oder Behandlungen an. So ist der Vormittag eher ungünstig für Besuche. Und in den Abendstunden kann ein Besuch auch als störend empfunden werden. Bleibt also der Nachmittag.

Ins Krankenhaus bitte keine Topfpflanzen mitnehmen, die auf den Stationen aus hygienischen Gründen nicht geduldet werden. Frische Schnittblumen sind natürlich erlaubt, wenn darauf geachtet wird, dass sie nicht zu sehr duften und die Luft im Krankenzimmer vom Blütenduft ganz schwer wird. Auch sollte jeder Besucher bedenken, dass der Platz in den Krankenzimmern begrenzt ist. Weiße Blumen sind als Mitbringsel immer problematisch. Für manche Menschen gelten sie immer noch als „Friedhofsblumen" und werden als schlechtes Omen bewertet. Für einen Krankenbesuch kommen weiße Blumen also eher nicht in Frage, denn die Blumen sollen ja auch dazu dienen, den Kranken aufzuheitern.

Speisen und Getränke (kein Alkohol!) können nach vorheriger Absprache sicher mitgebracht werden und die Krankenhauskost bereichern. Auch leichte Lektüre ist angebracht, um dem Kranken Abwechslung und Beschäftigung zu bieten.

Die Dauer des Besuchs sollte auf alle Fälle der Kranke bestimmen. Für wirklich Schwerkranke können wenige Minuten schon reichen. Aber die sind wichtig für ihn, besteht das Wesen des Besuchs doch vor allem darin, dem Betroffenen aufrichtig gute Genesung zu wünschen und das eigene Mitgefühl auszudrücken.

Die Auswahl der Gesprächsthemen sollte auch dem Patienten überlassen bleiben – egal, ob er über die Details seiner Erkrankung reden oder doch lieber die Fußballergebnisse des letzten Wochenendes diskutieren möchte. Beides kann seiner Heilung zugutekommen. Der Patient kann einen Besuchswunsch natürlich auch ablehnen. Dazu gehört ein Dank für das Interesse und der Hinweis auf die Ruhebedürftigkeit: „Vielen Dank, dass Sie mich besuchen wollen. Wir sollten den Besuch aber noch um einige Tage verschieben. Im Moment brauche ich noch viel Ruhe."

Der Patient entscheidet über die Gesprächsthemen.

Wenn ein Besuch nicht möglich oder unerwünscht ist, können Genesungswünsche auch auf andere Weise übermittelt werden. Der Handel hält eine breite Auswahl spezieller Karten bereit, die handschriftlich die guten Wünsche für eine baldige Genesung aufnehmen können.

Bei SMS, Fax und E-Mail ist eher Vorsicht angebracht. Diese Übermittlungsform hängt vom Verhältnis zum Erkrankten und von der Schwere der Erkrankung ab.

Im Trauerfall

Im Trauerfall sind viele Menschen verunsichert und ziehen sich daher oft zurück. Folglich bleiben die Hinterbliebenen (wenn sie nicht zur unmittelbaren Familie gehören) allein in ihrer Trauer. Das ist schade, denn gerade in dieser Situation ist die Fortsetzung des Kontakts wichtig. Was also ist zu tun? Auf die Nachricht vom Tod eines Bekannten sollte schriftlich reagiert werden. Mit einer handgeschriebenen Kondolenzkarte können Worte des Beileids übermittelt werden. Umschläge für Kondolenzkarten sind immer weiß. Der Dank für Kondolenzschreiben und Beileidsbekundungen erscheint üblicherweise durch eine Zeitungsanzeige. Aber auch Karten mit einer persönlichen Danksagung sind angebracht. Dafür kann der Umschlag einen schwarzen Rand besitzen.

Bei einem Todesfall im Freundeskreis wie auch innerhalb der Familie ist ein Kondolenzbesuch besser angebracht. Damit kann den Hinterbliebenen auch Hilfe und Unterstützung signalisiert werden, weil sie nicht allein gelassen werden. Ein Kondolenz-besuch wird immer mit leeren Händen gemacht. Bei dem Besuch können gemeinsame Erinnerungen an den Verstorbenen ausge-tauscht werden. Das kann bei der Verarbeitung der Trauer helfen.

Die Kleidung sollte gedeckt sein (nicht schwarz), auf bunte Teile oder ausgesprochene Freizeitkleidung bitte verzichten. Das gilt auch für die Teilnahme an der Beerdigung: Zur Trauerfeier pünktlich in der Kapelle oder Trauerhalle Platz nehmen. Die mitgebrachten Blumen und Kränze sind bis auf einen kleinen Handstrauß am Sarg zu deponieren. Dabei sind meist Friedhofs-mitarbeiter behilflich.

Nach der Trauerfeier verlassen erst die Angehörigen mit dem Pfarrer die Kapelle, dann folgen die anderen Gäste auf dem Weg zur Grabstätte. Die Bitte der Angehörigen, „von Beileidsbekun-dungen Abstand zu nehmen", ist zu respektieren.

Zum „Leichenschmaus" wird mit einer Karte eingeladen, die mit der Todesanzeige verschickt wird. Es kann aber auch per-sönlich nach der Trauerfeier noch dazu eingeladen werden. Liegt ein Kondolenzbuch aus, sollten außer dem Namen noch ein paar persönliche Zeilen mit tröstenden Worten geschrieben werden. Dafür sollte man sich aber schon vor der Beerdigung oder der Trauerfeier vorbereiten.

Kindern und Jugendlichen sollte vorher erklärt werden, wie wichtig es ist, mit einer Trauerzeremonie Abschied zu nehmen und Trauer zuzulassen. Das hilft ihnen, eigene Gefühle zu ver-arbeiten und die der anderen zu respektieren.

Check-up: So geht's!

- 😊 Private Feste sorgsam planen und vorbereiten
- 😊 Die Festtafel perfekt decken und liebevoll dekorieren
- 😊 Platzierung der Gäste wohl überlegen
- 😊 Haustiere wegsperren
- 😊 Am Small Talk beteiligen
- 😊 Das Essen loben
- 😊 Den Gastgebern zum Abschied danken
- 😊 Krankenbesuche vorher absprechen
- 😊 Hinterbliebenen schriftlich oder persönlich kondolieren

Check-up: Und so bitte nie wieder!

- 😟 Garderobe der Gäste einfach aufs Bett legen
- 😟 Festlich gekleidete Gäste in Hausschuhe zwingen
- 😟 Zu laute Musik
- 😟 Topfpflanzen als Gastgeschenk (im Krankenhaus nicht erlaubt)
- 😟 Die eigenen Berufserfahrungen zum Hauptthema machen
- 😟 Klatsch und Tratsch über abwesende gemeinsame Bekannte
- 😟 Unangemeldete Besuche am Feierabend
- 😟 Nach einem Todesfall die Hinterbliebenen meiden

Umgang mit Nachbarn

Gute Beziehungen zu den Nachbarn brauchen Rücksichtnahme und einen respektvollen Umgang. Seine Nachbarn kann man sich in aller Regel nicht aussuchen: Man muss mit denen zurechtkommen, die nebenan ihr Zuhause haben. Viele Nachbarschaftsstreitigkeiten beschäftigen sogar deutsche Gerichte. Das könnte in den meisten Fällen verhindert werden, wenn die Beziehungen zur Nachbarschaft ganz bewusst gestaltet und gepflegt würden.

Gegenseitige Rücksichtnahme

Streitigkeiten zwischen Nachbarn beschäftigen immer wieder die Gerichte. Da geht es nicht selten um banale Fragen, die zumeist auch außergerichtlich hätten geklärt werden können. Viele Kommunen haben Schlichtungsstellen eingerichtet, um im Streitfall zwischen Nachbarn auch die Gerichte zu entlasten. Mit gegenseitiger Rücksichtnahme und der Beachtung der Befindlichkeit der Mitmenschen in der Nachbarschaft lassen sich viele konfliktträchtige Situationen entschärfen. Nicht selten ist aber der Streit über das Laub vom Baum des Nachbarn nur ein Vorwand, um den Nachbarn, den man eigentlich nicht leiden kann, mal zu ärgern. Nachbarn kann man sich nicht aussuchen, sie sind entweder schon da oder ziehen zu. Das schafft mehr oder weniger Sympathie. Aber unabhängig vom „Nasenfaktor" müssen sich alle Beteiligten um ein reibungsloses Miteinander bemühen.

Um gute nachbarschaftliche Beziehungen zu gestalten, ist gegenseitige Rücksichtnahme das Gebot jeder Stunde. Dabei ist es egal, ob es sich um die Bewohner in einem Mehrfamilienhaus handelt oder um die Nachbarn im Nebenhaus. Hier gelten ganz einfache Regeln und Normen:

■ Wer neu zuzieht, sollte sich seinen Nachbarn in der unmittelbaren Umgebung vorstellen. Es lohnt sich, an den Türen der Nachbarwohnungen auf der gleichen Etage zu klingeln und kurz „Hallo" zu sagen: „Guten Tag, wir sind Familie Meier, Ihre neuen Nachbarn." Das erleichtert das Miteinander in der Folgezeit und schafft eine vertrauensvollere Atmosphäre.

■ Gleiches gilt auch für den Zuzug in eine Wohnsiedlung. Auch hier sollten die nächsten Nachbarn wissen, wer hier künftig ein- und ausgeht. Zu wem sich dann möglicherweise engere Nachbarschaftsbeziehungen herausbilden, kann die Zukunft zeigen.

Zu einem freundlichen Umgang mit Nachbarn gehört auch der Gruß, wenn man sich begegnet. Das ist die elementarste Form der Beziehungspflege und trägt zu einem guten Gefühl aller Bewohner bei. Außerdem schafft es Vertrauen und erleichtert damit auch die Nachbarschaftshilfe. Rücksichtnahme gilt aber nicht nur für die Nachbarn, sondern auch für deren Eigentum. Es ist genauso respektvoll und achtsam zu behandeln wie das eigene Hab und Gut. Wenn das im Hausflur

Wer einen Nachbarn trifft, sollte ihn grüßen.

abgestellte Fahrrad im Weg steht, sollte ein freundliches Gespräch mit dem Radfahrer geführt werden. So lassen sich die meisten im Zusammenleben auftretenden Probleme beheben.

Ein Beispiel: Dirk Blitz arbeitet als Fahrradkurier. Aus Bequemlichkeit bringt er sein Rad am Feierabend nicht mehr in den Fahrradraum im Keller seines Mietshauses, sondern lässt es unter den Briefkästen stehen. Schließlich fährt er ja am nächsten Morgen wieder zur Arbeit. Frau Prantel wohnt im selben Haus wie Blitz. Sie ist Krankenschwester im Schichtdienst und kommt mitunter erst spät nach Hause. Sie hat dann Mühe, über dem abgestellten Fahrrad von Herrn Blitz an ihren Briefkasten zu kommen. Sie ärgert sich über die Rücksichtslosigkeit des Herrn Blitz. Eines Morgens treffen sich beide vor den Briefkästen: Frau Prantel kommt vom Dienst – Herr Blitz möchte seinen Dienst antreten. Frau Prantel wollte schon seit Tagen bei Blitz klingeln und das Fahrradproblem ansprechen. Nun nutzt sie die Gelegenheit für ein Gespräch: „Guten Morgen, Herr Blitz. Ich kann gut verstehen, dass es nicht einfach ist, in dieser Stadt mit dem Fahrrad unterwegs zu sein. Dennoch möchte ich Sie bitten, Ihr Rad in den Keller zu stellen. Ich komme kaum an meinen Briefkasten und finde es sehr ärgerlich, wenn ich nach meinem Nachtdienst hier Ihr Fahrrad vorfinde." Herr Blitz zeigt sich einsichtig und verspricht, ab sofort sein Rad wieder in den Kellerraum zu stellen. Es war ihm einfach nicht bewusst, dass sein Rad andere Mieter behindert.

Das gilt auch für den Umgang mit Zäunen und was auf beiden Seiten der Grundstücksgrenze wächst. In jedem Bundesland gelten Nachbarschaftsgesetze für ein reibungsloses Miteinander. Aber es kann nicht das Wachstum jeder Pflanze und die Wuchsrichtung jedes Astes geregelt werden. Besser ist es, aufeinander zuzugehen und die strittigen Fragen zu klären. In den meisten Fällen (unter Berücksichtigung aller Interessen) wird sich auch eine Lösung finden lassen. Also nicht einfach die Säge ansetzen und den störenden Ast vom Baum des Nachbarn abtrennen, sondern immer erst mit ihm darüber sprechen!

Zur gegenseitigen Rücksichtnahme gehört zudem, bestehende Regeln zu respektieren. Nach diesen Regeln erkundigen Sie sich gleich beim Einzug bei den neuen Nachbarn. In vielen Orten soll die Sonntagsruhe beispielsweise nicht durch Rasenmäher, Heckenschere und Co. gestört werden. Solche Normen sind natürlich einzuhalten.

Nachbarschaftshilfe

Wir alle sind mal auf die Hilfe und Unterstützung der Nachbarn angewiesen. Und Nachbarn können bei der Bewältigung des Alltages auch sehr nützlich sein. Sie haben das, was im eigenen Vorrat gerade fehlt. Sie leeren unseren Briefkasten und gießen die Blumen, wenn wir mal nicht da sind. Sie nehmen unsere Paketpost entgegen und ersparen uns damit einen Gang aufs Postamt. Nachbarn können mal mit anfassen, wenn Möbel gerückt werden sollen, oder sie überwachen bei eigener Abwesenheit das Ablesen der Zählerstände. Ohne Nachbarn wäre vieles schwieriger! So gesehen, sind wir alle gut beraten, mit den jeweiligen Nachbarn freundlich umzugehen. Allerdings sollte sich das Geben und Nehmen auch die Waage halten. Wer ohne Gegenleistung immer nur nimmt, wird bald keine Hilfe mehr bekommen und künftig abgewiesen werden.

Die Benachrichtigungskarte der Post, mit der sie mitteilt, dass beim Nachbarn ein Postpaket auf uns wartet, sollten wir umgehend gegen das Paket tauschen. Dazu gehört natürlich ein Dankeschön. Wenn sich der Nachbar in unserem Urlaub um den Briefkasten und die Pflanzen kümmert, wird er sich auch über ein kleines Mitbringsel freuen.

All das wird nur stressfrei funktionieren, wenn es gelingt, zur Nachbarschaft auch ein Vertrauensverhältnis aufzubauen. Und das entsteht auch durch einen bedachtsamen Umgang miteinander. Wer im Treppenhaus steht und über die Eigenheiten der Nachbarn herzieht, darf sich nicht wundern, wenn er demnächst seine Paketpost selbst vom Postamt abholen muss. An solchen Gesprächen sollte man sich auf keinen Fall beteiligen und mitreden. Denn Vertrauen entsteht nur in einer Atmosphäre der gegenseitigen Rücksichtnahme und Wertschätzung. Und wer seinen Wohnungs- oder Hausschlüssel beim Nachbarn abgibt, um beruhigt zu verreisen, muss Vertrauen zum Nachbarn haben. Andererseits ist dieses entgegengebrachte Vertrauen auch zu würdigen. Mit dem Eigentum des Nachbarn ist sorgfältig umzugehen, erst recht, wenn er Ihnen sein Hab und Gut anvertraut hat.

Gute Nachbarschaft bedeutet: Rücksichtnahme, Wertschätzung, Vertrauen.

Über Kinderlärm und Partys

Wo Kinder leben, kann es nicht immer geräuschlos zugehen. Und die normale Geräuschkulisse, die Kinder nun mal mit sich bringen, ist auch von Nachbarn zu tolerieren. Alle Eltern sind gut beraten, ihre Kinder zur gegenseitigen Rücksichtnahme zu erziehen. Ruhezeiten sollten ohnehin eingehalten werden. Und wenn die lieben Kleinen doch einmal deutlich über die Stränge schlagen, hilft eine Entschuldigung beim Nachbarn. Er wird sich dadurch respektiert und wertgeschätzt fühlen. Das erhöht erfahrungsgemäß auch seine Toleranzschwelle. Kinderlärm kann man kaum im Vorfeld ankündigen – die eigenen Partys mit vielen Gästen schon. Das signalisiert auch in Ausnahmesituationen den Respekt vor den Bedürfnissen der Nachbarn.

Ein Beispiel: Im Fahrstuhl eines Mehrfamilienhauses las ich an einem Dienstag folgende Information: „Liebe Nachbarn! Am kommenden Samstag werde ich meinen 30. Geburtstag feiern. Dazu habe ich meine Freunde zu mir eingeladen. Bitte haben Sie Verständnis, wenn es an diesem Abend ein bisschen lauter zugeht. Wer sich stark gestört fühlt, ist eingeladen, mit uns zu feiern. Vielen Dank!"

Soviel ich weiß, hatten alle Nachbarn Verständnis für die feuchtfröhliche Geburtstagsparty. Sie waren durch den Aushang „vorgewarnt" und fühlten sich vor allem ernst genommen.

Das gilt übrigens auch für die Gartennachbarn. Eine kurze Ankündigung der Gartenparty mit der Bitte um Verständnis schafft in aller Regel auch dieses Verständnis. Schwierig wird es allerdings, wenn sich der sangesfreudige und trinkfeste Freundeskreis jeden Samstag an der gleichen Stelle trifft … wenn die Belästigung also zur wochenendlichen Dauerstörung wird.

Der Silvesterabend ist sicher eine Ausnahme. Hier wird in vielen Wohnungen gefeiert. Dieses Fest muss natürlich nicht angekündigt werden, da jeder den Termin kennt. Aber die Spuren der Feier sollten spätestens am Neujahrsmorgen von den Verursachern beseitigt werden. Dazu gehören auch die Hinterlassenschaften vor dem Haus. Es ist auch ein Zeichen guten Stils, die Reste von Böllern und Raketen, Verpackungsmaterial und Flaschen einzusammeln und zu entsorgen. Es ist ärgerlich, wenn Spaziergänger sich am Neujahrsmorgen erst einen Weg durch die Reste der Silvesternacht bahnen müssen. Mal ganz abgesehen davon, dass diese Rückstände auch Gefahren bergen, insbesondere für neugierige Kinder.

Check-up: So geht's!

- 🙂 Gegenseitige Rücksichtnahme in allen Situationen
- 🙂 Bei den Nachbarn vorstellen
- 🙂 Nachbarn grüßen
- 🙂 Nachbarschaftshilfe anbieten
- 🙂 Bestehende Regelungen einhalten
- 🙂 Vertrauen schaffen und pflegen
- 🙂 Fremdes Eigentum wertschätzen und respektieren
- 🙂 Laute Feste ankündigen

Check-up: Und so bitte nie wieder!

- 🙁 Anonym bleiben
- 🙁 Nachbarn im Haus nicht grüßen
- 🙁 Ungefragt in das Eigentum des Nachbarn eingreifen
- 🙁 Unnötige Belästigungen durch Lärm oder Grillwolken
- 🙁 Nachbarn ausnutzen
- 🙁 Klatsch und Tratsch in der Nachbarschaft

In der Öffentlichkeit

Gerade im öffentlichen Raum sind Regeln und Normen wichtig. Was wir uns an Verhaltensweisen in den eigenen vier Wänden erlauben können, passt nicht zwangsläufig auch in die Öffentlichkeit. Gegenseitige Rücksichtnahme ist wohltuend für alle Beteiligten und erleichtert den hektischen Alltag. Nicht für jede öffentliche Situation lässt sich aber eine Regel definieren, hier helfen Einfühlungsvermögen und Aufmerksamkeit für die Bedürfnisse der Menschen.

Konzert und Theater

Die Veranstaltungsangebote sind heutzutage umfassend und bieten für jeden Anspruch und jeden Geschmack unterhaltsame Zerstreuung. Die Genres stellen zudem unterschiedliche Anforderungen an ihre Gäste. Die große Abendgarderobe passt in die Oper. Sie erinnern sich an die Fernsehbilder von der Eröffnung der Bayreuther Festspiele auf dem Grünen Hügel? Dasselbe Outfit wird im Kino wahrscheinlich auffallen. Es können daher kaum genaue Hinweise für jede Veranstaltung gegeben werden. Aber es gibt ein paar übergreifende Normen und Regeln, die in jede Kategorie passen.

Grundsätzlich gilt bei jeder Art von Veranstaltung, Rücksicht auf die anderen Gäste zu nehmen. Sie haben auch ihren Eintritt bezahlt, freuen sich auf die Veranstaltung, wollen mit schönen Eindrücken nach Hause gehen und sich nicht über das Fehlverhalten anderer Gäste ärgern müssen.

Das beginnt schon an der Garderobe des Theaters. Natürlich nimmt der Herr der Dame den Mantel ab, bevor er seinen auszieht, und gibt die Sachen an der Garderobe ab. Bitte Trinkgeld dabei nicht vergessen, denn die Damen und Herren arbeiten meist als Aushilfskräfte und werden nicht unbedingt üppig entlohnt! Wird die Garderobe am Ende wieder abgeholt, wird er sich anstellen, während sie abseits wartet. Er zieht seinen Mantel zuerst an, dann hat er die Hände frei, um ihr den Mantel zu halten.

Dann heißt es, rechtzeitig die Plätze einzunehmen. Beim Gang durch die schon besetzte Reihe bitte das Gesicht zu den Zuschauern wenden und die Entschuldigung nicht vergessen. Müssen die Herrschaften aufstehen, um Sie durchzulassen, verdienen sie dafür auch ein Dankeschön. Aber Ausnahmen bestätigen die Regel: Nur in der Kirche ist der Blick von den Sitzenden abgewandt, denn hier richtet er sich immer auf den Altar.

Im Berliner Theater „Am Potsdamer Platz" erklingt vor der Vorstellung des Musicals *Dirty Dancing* eine Stimme aus dem Off: „Liebe Gäste! Denken Sie daran, wir befinden uns im Jahre 1968. Es gab noch keine Handys! Vielen Dank." Es ist also noch nicht selbstverständlich, die Handys aus- oder mindestens stumm zu schalten. Sonst wäre der freundliche Hinweis ja nicht nötig. Spenden Sie reichlich Applaus für die Darbietungen der Künstler. Im Konzert brandet Applaus auf, wenn der Dirigent ans Pult tritt oder es wieder verlässt. In den Pausen zwischen einzelnen Sätzen wird nicht geklatscht.

Sie können am Ende auch stehend applaudieren. Lässt sich dann das Ensemble auf eine Zugabe ein, bitte wieder hinsetzen. Hat Ihnen die Aufführung nicht gefallen, verzichten Sie einfach aufs Klatschen. Pfiffe oder gar Buhrufe zeugen von wenig Respekt. Jeder Künstler hat seine Leistung abgeliefert, die kann Ihnen ge-

Weder Pfiffe noch Buhrufe!

fallen, muss aber nicht. Dazu sind die Geschmäcker zu verschieden. Bitte den Saal erst nach dem letzten Vorhang verlassen. Es zeugt von fehlendem Respekt gegenüber den Künstlern, wenn voreilig die Garderobe gestürmt wird, um ja nicht anstehen zu müssen. So kann auch das Kunsterlebnis nicht in uns nachklingen, weil wir sofort wieder auf Hektik schalten.

Einkaufen gehen

Einkaufen kann lästige Pflicht oder größtes Vergnügen sein. Der wöchentliche Großeinkauf im Supermarkt gehört ins Pflichtprogramm. Die ausgiebige Shoppingtour durch die Einkaufstempel hat wohl eher amüsante Seiten. Für den Großeinkauf im Supermarkt hat sich der Einkaufszettel bestens bewährt. Er hilft, Zeit und Geld zu sparen, denn man muss nicht suchend durch die Gänge fahren, sondern kann zielgerichtet die Liste abarbeiten. Wir kaufen also auch nur das, was wir wirklich brauchen, und nicht das, was wir eventuell brauchen könnten. Mit ein bisschen gegenseitiger Rücksichtnahme geht sogar der Einkauf leichter. Rücksichtnahme heißt im Supermarkt vor allem nicht drängeln und mit dem Wagen nicht die Gänge blockieren. Rücksichtnahme bedeutet aber auch, die angebotenen Produkte, besonders in der Obst- und Gemüseabteilung, nicht einfach abzutasten, denn hier sind die Waren meist unverpackt. Es ist nicht angebracht, erst zehn Pfirsiche oder Tomaten dem Drucktest zu unterziehen und dann zwei tatsächlich zu kaufen. Den Schlusspunkt eines Einkaufs setzt schließlich die Kassiererin, die tagtäglich Tonnen von Lebensmitteln bewegt und es verdient, freundlich behandelt zu werden.

Die Shoppingtour ist eher lustbetont. Hier kommt es darauf an, sich treiben zu lassen, die Angebote in den Lieblingsladenketten in Augenschein zu nehmen, vielleicht mal ein Teil anzuprobieren und dann sogar zu kaufen. Alle Waren, die wir hier präsentiert bekommen, sind bis zum Gang an die Kasse fremdes Eigentum und sollten auch so behandelt werden. Niemand möchte beschmutzte oder beschädigte Waren vorfinden oder gar kaufen. Daher sollten Geschäfte auch nicht essend oder mit einem Eis in der Hand betreten werden.

Problematisch wird die Shoppingtour mit Kindern. Sie können unsere Einkaufsfreude noch nicht teilen, werden dann ungeduldig und fangen an zu quengeln, manchmal sogar lautstark. Idealerweise sollte beim Einkaufsbummel jemand dabei sein, der die Kleinen bei Laune hält und im Rahmen der Möglichkeiten sinnvoll beschäftigt.

In öffentlichen Verkehrsmitteln

In den Ballungsräumen sind Busse und Bahnen unverzichtbar. Sie transportieren täglich tausende Menschen von A nach B. Da verbringen wildfremde Menschen gemeinsam ihre Fahrzeit auf engstem Raum. Das verlangt nach umsichtigem und rücksichts-vollem Verhalten. Dazu gehört vor allem, andere nicht zu belästigen. Telefonate müssen nicht in einer Lautstärke geführt werden, dass ganze S-Bahnwagen mithören können. Und die Musik aus dem MP3-Player muss auch nicht die ganze Umgebung beschallen. Auch laute Unterhaltungen können stören, wenn jemand seine Zeitung lesen oder einfach nach einem anstrengenden Arbeitstag seine Ruhe haben möchte.

Richtig ärgerlich wird es allerdings, wenn jemand mehr Platz beansprucht, als nötig wäre. Sicher ist es bequem, die Tasche nicht auf dem Schoß abzustellen, sondern auf dem Nebensitz. Wenn sich aber der Wagen von Station zu Station füllt, sollte Platz gemacht werden, ohne dass es dazu einer speziellen Aufforderung bedarf.

Leider scheint es auch völlig aus der Mode gekommen zu sein, hilfebedürftigen Personen den eigenen Sitzplatz anzubieten. Die Hochschwangere bleibt im Gang stehen, während junge Männer sitzend ihre E-Mails checken. Das gehört sich nicht!

Check-up: So geht's!

- 🙂 Den Theatersaal erst verlassen, wenn der letzte Vorhang gefallen ist
- 🙂 Einkaufszettel machen
- 🙂 Im Supermarkt Gänge nicht blockieren
- 🙂 Waren bis zum Einkauf wie fremdes Eigentum behandeln
- 🙂 Kinder beim Einkauf sinnvoll beschäftigen
- 🙂 In Bussen und Bahnen Hilfebedürftigen Platz anbieten

Check-up: Und so bitte nie wieder!

- 🙁 Zwischen den Musiksätzen applaudieren
- 🙁 Pfiffe und Buhrufe nach der Aufführung
- 🙁 Mehr Obst oder Gemüse anfassen, als gekauft werden soll
- 🙁 In Läden essen
- 🙁 Lautstarke Telefonate in Bahnen und Bussen
- 🙁 Mehrere Sitze beanspruchen

Achtsam sein mit älteren Menschen

Die Gesellschaft wird immer älter, heißt es. Damit steigt auch der Anteil der Senioren, die am gesellschaftlichen Leben teilhaben und das Bild in der Öffentlichkeit prägen. Hier kommt es besonders darauf an, die ideale Balance zwischen Normalität und Fürsorge zu finden. Vor allem Sensibilität und Achtsamkeit für die Bedürfnisse älterer Menschen sind gefragt.

Besonderheiten des Alters beachten

Irgendwann erwischt es jeden: das Alter. Wir werden immer älter und immer weniger werden geboren. Das hat zu einer Umkehr der Bevölkerungspyramide geführt. Im Jahre 2009 waren schon 20,31 Prozent der Deutschen im Rentenalter. Bis 2050 kann ihr Anteil auf über 30 Prozent steigen. 50 Prozent der heute Geborenen haben gute Chancen, ihren 100. Geburtstag zu erleben.

Allenthalben begegnen uns ältere Menschen, in manchen Kommunen prägen sie längst das Stadtbild. Davon profitieren nicht nur die Vertreter der medizinischen Zunft, sondern vor allem die vielen Spezialanbieter von Dienstleistungen, wie Reisen oder

Weiterbildungsangebote. Auch spezielle Internetseiten haben schnelle Verbreitung gefunden – siehe hierzu die Auflistung im Anhang des Buches.

Nicht zu vergessen, dass es mittlerweile zahlreiche Waren gibt, die den Alltag der Senioren erleichtern sollen. Die Spanne reicht von Nahrungsergänzungsmitteln über Kosmetika, alterstaugliche technische Geräte bis zum Treppenlift.

Andererseits sind auch Tendenzen zu beobachten, die das Leben unserer Senioren nicht unbedingt erleichtern. Die automatische Telefonvermittlung mit ihren blechernen Ansagen („… dann drücken Sie die 1 …") stellt ältere Mitbürger vor Probleme. Wenn Banken und Sparkassen in ihren Filialen die Zahl der Berater dezimieren und die der Automaten immer mehr erhöhen, ist das nicht unbedingt altersgerecht. Dazu gehören auch Fahrkartenautomaten, die in vielen Bahnhöfen inzwischen das freundliche Personal am Schalter ersetzen.

Im Alter nimmt die körperliche Leistungsfähigkeit ab. Dafür verfügen ältere Menschen über ihre ganz spezifische Lebenserfahrung und angesammelte Sozialkompetenz.

Oft zeichnen sich Senioren durch eine hohe Fach- und Sozialkompetenz aus.

Älteren Menschen werden vor allem Eigenschaften zugeschrieben wie Familienorientierung, Pflichtbewusstsein, Fleiß, Ehrgeiz und soziales Engagement. Hier liegen die Vorteile der älteren Generation, von denen die Jüngeren profitieren können.

Ohne die liebevolle Betreuung der Enkel durch Oma und Opa hätten es Familien noch schwerer, berufliche Belastungen und familiäre Anforderungen unter einen Hut zu bekommen. Und schließlich haben sich Seniorberater längst in der Praxis bewährt, die teilweise ehrenamtlich ihre hohe Fach- und Sozialkompetenz sowie ihre berufliche Erfahrung Unternehmen in kritischen Phasen zur Verfügung stellen; siehe hierzu die Internetlinks im Anhang.

Viel wichtiger als all diese Angebote ist jedoch die Frage nach dem alltäglichen Umgang mit den älteren Menschen. Hier ist ganz besonders gutes Benehmen gefragt, gekennzeichnet eben durch Respekt sowie Wertschätzung vor dem Alter und den Lebensleistungen – das heißt vor allem, Geduld und Verständnis für die Belange der älteren Menschen zu haben. Ältere Menschen haben Zeit, sie müssen nicht mehr durch die Geschäfte hetzen. Sie werden auch nicht wirklich schneller, indem man sie die Ungeduld der anderen spüren lässt. Es dauert eben länger, bis die Seniorin an der Kasse des Supermarktes das Wechselgeld verstaut hat. Und es ist auch keine Glanzleistung, ältere Menschen einfach abzudrängen oder anzurempeln, weil sie nicht rasch genug aus dem Bus steigen oder die Rolltreppe versperren. In diesen Situationen zeugen unhöfliche Bemerkungen wie „Geht's nicht schneller?" und scheele Blicke einfach nur von schlechtem Stil.

Vertreter der älteren Generation haben mitunter auch andere Wertvorstellungen als die Generation der heute 30-Jährigen. Daraus erwachsen auch andere Erwartungen an das Miteinander, was mitunter zu Spannungen zwischen den Generationen führen kann. Aber mit Toleranz, Verständnis und gegenseitiger Achtung sind auch solche kritischen Situationen zu meistern. Und es macht Sinn, hin und wieder Respekt und Wertschätzung klar zu äußern.

Ein Beispiel: Der deutsche Nationalspieler Thomas Müller hat während der FIFA-WM 2010 in Südafrika deutlich seinen Respekt und seine Wertschätzung gegenüber der älteren Generation signalisiert, indem er in einem Interview seine beiden Omas in Deutschland gegrüßt hat.

Hilfe und Unterstützung anbieten

Die meisten unserer Senioren sind topfit. Unlängst überholte ich auf der Autobahn ein Wohnmobil. Auf der Rückseite war zu lesen: „Zum Arbeiten zu alt, zum Sterben zu jung, zum Reisen topfit." Und so genießen viele ihren Ruhestand ... wohlverdient!

Aber im Alltag können alte Menschen auch schon einmal Hilfe und Unterstützung gebrauchen. Die wenigsten haben es gelernt, um diese Hilfe zu bitten. Dahinter mag auch Stolz auf die eigene Leistungsfähigkeit stehen. Es sollte die Jüngeren aber nicht hindern, achtsam zu sein und Unterstützung anzubieten.

Und anbieten heißt zunächst mal nachfragen, ob Hilfe gewollt ist: **Hilfe anbieten – nicht aufzwängen.** „Darf ich Ihnen helfen?" Die Frage erlaubt nur zwei Antwortmöglichkeiten. Wenn die Hilfe nicht erwünscht ist, dann eben nicht. Meist sind es aber kleinere Handreichungen im Alltag, wie folgendes Beispiel zeigt.

Ein Beispiel: Da steht etwa eine ältere Dame im Supermarkt suchend vor einem Regal. In diesem Fall finden vier Augen sicherlich schneller den gewünschten Artikel. Oder im letzten Winter waren viele Parkplätze vor Supermärkten nur schwer passierbar. Da habe ich beobachtet, wie zwei Männer den mäßig gefüllten Einkaufswagen einer älteren Dame zu ihrem Auto getragen haben.

Die Liste der Beispiele ließe sich fortsetzen. Es kommt darauf an, mit wachen Augen Situationen zu erkennen, in denen ältere Menschen im Alltag Hilfe und Unterstützung gebrauchen könnten. Und diese Hilfe sollte dann auch freundlich angeboten werden.

Ein Beispiel: Der ICE fährt ein, vor den Türen versammeln sich die Reisenden, bestrebt, möglichst einen guten Platz zu ergattern. Niemand

achtet auf die ältere Dame mit ihrem großen Koffer, den sie auf ihre Reise mitnehmen möchte. Als alle eingestiegen sind, steht die Dame mit ihrem Koffer immer noch auf dem Bahnsteig. Schließlich bemerkt sie ein Zugbegleiter, der am nächsten Wagen auf das Abfahrtsignal wartet. Er hebt schließlich den großen Koffer in den Zug.

Und es ist bedauerlicherweise wohl völlig aus der Mode gekommen, älteren Menschen in öffentlichen Bussen und Bahnen einen Sitzplatz anzubieten. Da lümmeln sich zwei Teenies im S-Bahnabteil, daneben steht ein älterer Herr, der Mühe hat sich festzuhalten, um die Bewegungen des fahrenden Zuges auszugleichen. Er hätte einen angebotenen Sitzplatz sicher gern angenommen.

Es gibt vielfältige Möglichkeiten, echte Hilfsbereitschaft gerade auch älteren Mitbürgern gegenüber zu praktizieren. Wir alle kommen mal in die Situation, wo wir auf Hilfe angewiesen sind, einmal ganz abgesehen davon, dass wir auch alle einst zur älteren Generation gehören werden. Respekt vor dem Alter und Wertschätzung der möglichen Lebensleistung sind Anlass genug, unsere Hilfe anzubieten. Auch das ist eine Form des guten Benehmens!

Check-up: So geht's!

- 🙂 Die spezifischen Bedürfnisse älterer Menschen beachten

- 🙂 Hilfe anbieten, z. B. einen Sitzplatz in der Bahn oder im Bus

- 🙂 Respekt vor dem Alter und den Lebensleistungen zeigen

Check-up: Und so bitte nie wieder!

- 🙁 Ungeduldig werden, weil ältere Menschen langsamer sind

- 🙁 Wegschubsen oder anrempeln

- 🙁 Aus der Arbeitswelt verdrängen

Im Restaurant

Restaurantbesuche finden stets unter Beobachtung statt. Darüber sollte man sich im Klaren sein, wenn man einen Gastraum betritt. Auch hier gilt es natürlich, auf andere Gäste Rücksicht zu nehmen. Und ob es sich nun um ein geschäftliches oder ein privates Essen handelt, macht für die Tischsitten keinen Unterschied.

Regeln bei Tisch

Das Herumrühren auf dem Teller ist gleichermaßen ungeeignet wie sich über den Tisch lümmeln oder die Speisen mit aufgestützten Ellenbogen in sich reinschaufeln. Damit es dem Gegenüber den Appetit nicht verschlägt, sollten einige (sehr bewährte) Regeln beherzigt werden.

Für alle Besteckteile, die schon auf dem Tisch liegen, gilt die einfache Regel: von außen nach innen. Ist das Besteck einmal aufgenommen, sollte es nicht mehr mit der Tischdecke in Berührung kommen. Wollen Sie das Essen unterbrechen, legen Sie das Besteck auf dem Teller aus der Hand. Ist das Essen beendet, legt man Messer und Gabel parallel auf der rechten Seite des Tellers ab. Der Suppenlöffel wird immer auf der Untertasse, nicht in der Suppentasse abgelegt.

Das Besteck spricht eine eigene Sprache.

Auch für die Benutzung der Gläser gelten Regeln. Das Glas, das dem Besteck am nächsten steht, wird als erstes benutzt, alle weiteren von rechts nach links. Meist müssen wir darüber nicht nachdenken, denn die Gläser werden uns gefüllt.

Die Serviette hat eine lange Tradition. Sie stammt schon aus einer Zeit, in der es noch kein Besteck gab. Da mussten die Hände zwangsläufig öfter gesäubert werden. Heute müssen wir nicht mehr unbedingt unsere Kleidung schützen. So dient die Serviette vielmehr dazu, vor dem Griff zum Glas den Mund abzutupfen, um am Glas keine Fettränder zu hinterlassen. Außerdem hat sie Signalwirkung. Wenn sich der Gastgeber oder die Hausherrin die Serviette auf den Schoß legt, signalisiert das den Beginn des Essens; legen sie die Serviette nach dem

Mit der Serviette können Signale gegeben werden.

Essen links neben ihren Teller, heben sie damit auch die Tafel auf. Bei gemeinsamen Restaurantbesuchen ohne einen Gastgeber nimmt jeder seine Serviette vom Platz, wenn der Kellner die Speisekarten bringt.

Die Serviette kommt – wenn sie groß ist – um ein Drittel gefaltet auf den Schoß, wobei das umgeklappte Teil nach unten gelegt wird und so eine „Bremswirkung" erzielt. Nur in seltenen Ausnahmefällen darf die Serviette in den Kragen gesteckt werden. Nach dem Essen wird die Stoffserviette, auch die Zellstoffserviette, locker zusammengelegt links neben dem Teller abgelegt.

Die Hände gehören bis zu den Handgelenken immer gut sichtbar auf den Tisch. Sie werden weder in den Schoß gelegt (auch dann nicht, wenn das bequem ist), noch kommen die ganzen

Unterarme oder gar der Ellenbogen mit der Tischplatte in Berührung. Am Tisch sitzt man gerade, auch wenn das anstrengend sein kann. Schließlich wollen ja die anderen Gäste einen ästhetischen Anblick. Und Voraussetzung für eine gerade Sitzhaltung ist eine gerade Beinhaltung, also bitte die Beine unter dem Tisch nicht verknoten. – So weit die alte Regel, die doch recht unbequem war. Jetzt gibt es eine kleine Lockerung, die aus internationalen Gewohnheiten abgeleitet wurde. In vielen Ländern ruht eine Hand im Schoß, wenn sie nicht gerade zum Essen gebraucht wird. Wir verhalten uns also durchaus noch korrekt, wenn wir während eines Essens – erst recht, wenn mehrere Gänge serviert werden – mal eine Hand nicht gut sichtbar auf dem Tisch haben.

In manchen Unternehmen gewinnt man den Eindruck, „Mahlzeit!" sei eine Grußformel, mit der sich Mitarbeiter in der Tagesmitte freundlich grüßen. Dabei sollte diese Vokabel in unserem Sprachgebrauch gestrichen werden. Das freundliche „Guten Appetit" bleibt der kleinen (privaten) Runde vorbehalten oder als freundliche Geste, wenn im Restaurant auch Fremde am Tisch sitzen. Bei gesellschaftlichen Essen ist dieser Wunsch fehl am Platze.

Natürlich kennen wir den Umgang mit Messer und Gabel. Aber es gibt einige Speisen, die besondere Kenntnisse erfordern, will man auch in der Öffentlichkeit einen guten Eindruck machen.

Brot

Links oben, neben dem Gedeck, steht der Brotteller, fast immer mit einem kleinen Messer darauf. Der Brotteller bleibt da auch stehen und wird nicht versetzt. Teller und Messer sind für das vorab gereichte Brot gedacht. Dazu gibt es aus kleinen Schalen oft verschiedene „Schmierereien", aus denen man sich mit dem Messer bedienen kann. Das Brot wird erst in mundgerechte Stücke gebrochen, dann bestrichen und gegessen. Niemals wird die ganze Scheibe bestrichen und von ihr abgebissen. Aber es gibt auch Gerichte mit Brot bzw. Brötchen. Dazu gilt:

- Das Frühstücksbrötchen wird zubereitet und dann aus der Hand gegessen, auch belegte Brötchen, die fertig serviert werden. (Hinweis: Der Unterschied ist nicht der Belag, sondern die Brotsorte – Brötchen aus der Hand/Brot mit Messer und Gabel.)
- Brot mit süßem Aufstrich darf aus der Hand gegessen werden.
- Für Brot mit pikantem Aufstrich oder Belag benutzen wir Messer und Gabel.

Geflügel

Es gilt irrtümlicherweise, dass Geflügel aus der Hand gegessen wird. Das ist so allgemein nicht richtig. Geflügel, das als komplettes Tellergericht mit Sauce und Beilagen gereicht wird, wird natürlich mit Messer und Gabel gegessen! Eine Ausnahme gibt es allerdings: Wachteln dürfen mit den Fingern gegessen werden. Dazu gehören dann aber auch Fingerschalen; dies sind kleine Schalen, die mit Wasser gefüllt sind, in denen zusätzlich eine Zitronenscheibe oder -spalte schwimmt. In ihnen kann sich der Gast nach dem Essen die Finger säubern.

Muscheln

Muscheln gehören zu den sogenannten Fingergerichten. Nur für das erste Muschelpaar wird die Gabel zu Hilfe genommen. Die erste Muschel dient dann als „Besteck" für alle weiteren Muscheln. Den Muschelsud dürfen Sie auch auslöffeln.

Krabben, Scampi und Krebse

Diese Speisen werden zumeist schon ausgelöst serviert. Das erleichtert ihren Verzehr. Sonst wird die Krabbe am Kopf gehalten und das Schwanzende dagegen gebogen. So platzt der Panzer auf und das Krabbenfleisch kann heraus gepult werden.

Scampi- und Krabbencocktails werden zumeist im Glas mit Löffel und Gabel gereicht. Ob beide Besteckteile oder nur eines gebraucht wird, hängt wesentlich von der Form des Glases ab und den zusätzlichen Zutaten. Auch gegrillte Scampi, Riesengarnelen, Königskrabben usw. können mit der Hand gegessen werden. Aber üblicherweise werden diese Formen dann doch mit Messer und Gabel verzehrt. Dazu werden als erstes Kopf und Schwanzende abgeschnitten, dann der dünne Panzer abgehoben und der frei werdende Inhalt kann dann wie Fleisch in Stücke geschnitten werden.

Krebse werden im Ganzen serviert. Zuerst wird der Schwanz abgebrochen. Dazu nimmt man den Krebs in die Hand, biegt das Schwanzende nach oben und durch leichtes Drehen löst sich der Schwanz. Wenn diese „Behandlung" das Fleisch noch nicht freigibt, liegt als Hilfsmittel ein Krebsmesser bereit, mit dem man den Panzer an der Unterseite aufschneidet. Die Krebsbeinchen werden einfach ausgelutscht. Beim Krebsessen wird übrigens die Serviette in den Kragen gesteckt!

Hummer, Langusten, Austern und Schnecken

Auch Hummer und Langusten gehören zu den Fingergerichten. Trotzdem werden weitere Werkzeuge gebraucht: Hummerzange und Hummergabel. Die Zange bleibt allerdings in der Küche. Mit ihr wird der Panzer so angeknackt, dass der Gast nur noch die

Hummergabel benötigt, um an das begehrte Fleisch zu kommen. Werden nur halbe Hummer gereicht, reicht das normale Besteck aus. Damit wird das Ende aus dem Panzer gehoben und kann dann ganz normal – mit Messer und Gabel – verzehrt werden.

Auch für Austern werden spezielle Werkzeuge gereicht: Austernbrecher und Austerngabel. Aber keine Angst, Austern werden heute doch eher aufgebrochen serviert. Damit steht dem Genuss nichts mehr im Wege. Das Fleisch wird mit der Austerngabel am Austernpunkt abgetrennt und dann mit Zitronensaft, Salz und Pfeffer direkt aus der Muschelschale geschlürft. Das muss nicht unbedingt geräuschlos erfolgen.

Schnecken werden heute zumeist essfertig serviert. Dann ist eine Gabel ausreichend. Kommt die Schnecke aber mit ihrem Gehäuse auf den Tisch, braucht es eine Schneckenzange und eine Schneckengabel. Mit der Zange wird die Schnecke ergriffen und mit der speziellen zweizinkigen Gabel das Fleisch aus dem Gehäuse gezogen. Das Brot darf beim „Schneckengang" ausnahmsweise in die flüssige Butter mit und ohne Knoblauch gestippt werden.

Bei Schnecken erlaubt: Mit Brot darf gestippt werden.

Spareribs

Hier können wir mit Messer und Gabel nur wenig ausrichten. Spareribs werden in die Hand genommen und abgeknabbert. Anschließend werden Fingerschalen oder Saunatücher (heiße Tücher) gereicht, um die Finger zu säubern. Beim Essen darf die Serviette in den Kragen gesteckt werden. In Spezialitätenrestaurants werden dem Gast auch „Lätzchen" angeboten, damit dem Genuss dann nichts mehr im Wege steht.

Spargel und Kartoffeln

Spargel gehört heute nicht mehr zu den Fingergerichten, deshalb bitte Spargel immer mit Messer und Gabel essen. Allerdings ist das abhängig vom Besteck. Silberbesteck oxydiert in Kontakt mit Spargel. Das ist auch der Grund, weshalb Spargel in der Silberbesteckzeit mit den Fingern gegessen wurde. Der Einsatz von Stahlbesteck macht es aber heute möglich, Spargel zu schneiden und mundgerecht zu essen. Kartoffeln können mit der Gabel gebrochen und seit neuestem mit dem Messer geschnitten werden. Die gebrochene Kartoffel nimmt aber wegen der größeren Oberfläche mehr Soße auf als die durch einen Schnitt getrennte Kartoffel. Auf gar keinen Fall werden die Kartoffeln mit der Gabel in der Sauce zerdrückt! Folienkartoffeln werden ausgelöffelt.

Eier

Gekochte Eier können gepellt oder auch mit dem Messer geköpft werden. Achten Sie aber darauf, dass der „Eierkopf" nicht auf dem Nachbartisch landet. Rühreier ohne Speck oder Würstchen werden ausschließlich mit der Gabel gegessen. Spiegeleier, die scharf gebraten sind, können mit Messer und Gabel verzehrt werden.

Suppen

Werden Suppen in einer Tasse mit Henkel angeboten, darf der Rest gern auch getrunken werden. Das gilt allerdings nur für klare Suppen, auf keinen Fall für gebundene Suppen. Der Löffel wird immer auf der Untertasse abgelegt, nicht in der Tasse. Schlürfen und Kaltpusten sind unerwünscht.

Fisch

Für Fisch wird Fischbesteck benötigt. Es wird genauso eingesetzt wie Messer und Gabel auch. Allerdings braucht man das Messer mehr zum Schieben als zum Schneiden. Räucherfisch, Matjes und Rollmöpse werden dagegen mit normalem Besteck gegessen, da sie für ein Fischmesser zu widerstandsfähig sind.

Dessert

Dazu gehört meist ein Dessertbesteck, also Löffel und Gabel, die über dem Platzteller liegen. Mitunter sind auch beide Teile hilfreich, um die gebotenen Variationen genießen zu können. Für einen Pudding wird aber der kleine Löffel ausreichen.

Käse

Käse kann als Zwischengericht oder als Dessert gereicht werden. Die verschiedenen Käsesorten werden mit dem gereichten Käsemesser geschnitten. Üblicherweise beginnt man mit einer milden Käsesorte und geht dann zu den pikanteren sowie herzhaften Sorten über. „Käse schließt den Magen!", behauptete zumindest der römische Schriftsteller Plinius (23 bis 79 n. Chr.). Seither wird über die Wirkung von Käse gestritten. Sicher ist aber, dass Käse wegen seines Calciumgehalts Karies vorbeugen kann. Käse rechtzeitig vor dem Verzehr aus dem Kühlschrank nehmen, denn er schmeckt nur bei Zimmertemperatur richtig gut.

Kuchen

Beim Essen sollten die Finger so selten wie möglich zum Einsatz kommen. Schließlich gibt es viele Spezialbestecke. Das gilt auch für den Kuchen. Hier kommt immer die Kuchengabel zum Einsatz – egal um welchen Kuchen es sich handelt.

Obst

Exotische Früchte geben oft Rätsel auf. Die Karambole (Sternfrucht) wird mit Schale gegessen, meist werden ohnehin nur Scheiben serviert. Zwergorangen werden auch im Stück verzehrt. Physalis (Kapstachelbeere) müssen dagegen „ausgepackt" werden. Litschis und Rambutan werden üblicherweise schon verzehrfertig angeboten. Kiwis werden – wie Eier – aus der Schale gelöffelt. Melonen und Ananas werden mit Messer und Gabel gegessen. Trauben und Kirschen werden vom Stiel gezupft. Für Apfelsinen, Äpfel, Birnen, Pfirsiche und Nektarinen wird das Obstbesteck gereicht und benutzt.

Mit dem Servicepersonal geschickt umgehen

Es ist im Übrigen völlig in Ordnung, im Zweifelsfalle beim Servicepersonal nachzufragen, wie mit unüblichen Besteckteilen umzugehen ist. Das ist allemal besser, als die eigene Unsicherheit zu überspielen oder zu vertuschen. In geselliger Runde sollte es auch selbstverständlich sein, die anderen Gäste am Tisch zu befragen.

Auch der Ruf nach dem Servicepersonal kann schwierig werden. „Herr Ober" ist kein Problem. Wie aber wird eine Dame angesprochen? Auf keinen Fall mit „Frau Oberin"! Wenn der Name bekannt ist, mit dem Namen. Viele Servicekräfte tragen Namensschilder. Sonst bleibt nur der nonverbal Blickkontakt oder Handzeichen.

Ein Beispiel: Dr. jur. Krösus (wir erinnern uns, der frischgebackene Doktor der Rechtswissenschaften) lädt seine beiden Mitarbeiterinnen zum Mittagessen in den Ratskeller ein. Alle Tische sind eingedeckt, ein paar Gäste sitzen im Gastraum. Dr. Krösus führt die Damen an einen Tisch seiner Wahl, ohne sich mit dem Service abgesprochen zu haben. Ein Kellner folgt der Prozession und weist die Gruppe darauf hin, dass dieser ausgewählte Tisch reserviert sei. Mit den Worten „Dann reservieren Sie eben einen anderen!" lässt sich Krösus nieder, während die Damen noch zögerlich stehen bleiben. Der Kellner bittet Krösus höflich an einen anderen Tisch, denn dieser Tisch sei reserviert und schon für die Gäste dekoriert, die übrigens die Dekoration auch schon bezahlt hätten. Notgedrungen wechselt Krösus mit den Damen, denen die ganze Situation peinlich ist, an einen anderen Tisch. Krösus hat kaum von der Suppe gekostet, als er laut in die Hände klatscht, um die Aufmerksamkeit eines Kellners zu gewinnen. Dieser kommt auch schnell, weil er neues Unheil ahnt. Krösus erklärt ihm nun lautstark, dass er dieses „Dosenfutter" nicht essen und auch nicht bezahlen wird. Mit einer Entschuldigung räumt der Kellner die Suppentasse ab. Die Damen löffeln irritiert weiter, immerhin scheint es ihnen zu schmecken.

Zum Hauptgang haben die Herrschaften Rotwein bestellt. Wieder lässt Krösus den Service antreten und verkündet: „Diesen verkorkten Wein werde ich nicht trinken, bringen Sie mir ein Bier, damit können Sie hoffentlich nichts falsch machen." Schließlich sind die Teller und Gläser leer und Krösus ruft durch den Raum: „Zahlen!" Der Kellner kommt mit der Rechnung. Derweilen hat Krösus seine Brieftasche gezückt, knallt drei Kreditkarten auf den Tisch mit der Bemerkung: „Suchen Sie sich eine aus!" Während der Kellner noch mit der Karte seiner Wahl und der Abrechnung beschäftigt ist, steht Krösus auf und holt die Garderobe. Als sich die drei anziehen, kommt der Kellner mit der Karte und dem Rechnungsbeleg zurück. Wortlos nickend nimmt Krösus beides an sich. Die drei verlassen den Ratskeller und der Kellner atmet tief durch.

Sie wissen und können es besser. Notieren Sie hier Ihre Empfehlungen für Herrn Dr. Krösus:

_____

_____

_____

_____

_____

Sicher ist: Es ist abschließend stets eine nette Geste, den Servicemitarbeitern Dank und Anerkennung auszusprechen. Sie freuen sich darüber und finden ihre Leistungen gewürdigt. Beim nächsten Besuch wird man Sie umso freundlicher empfangen.

Gerade bei Tisch lauern allerlei Chancen für peinliche Situationen. Sie ergeben sich vor allem aus Unsicherheit oder einfach aus Nichtwissen, welche Regeln und Normen gelten oder wie mit den unterschiedlichsten Anforderungen umgegangen wird.

Zahnstocher verwenden

Es gibt immer noch vereinzelt und sehr selten Restaurants, in denen auf den Tischen neben einer Gewürzmenage auch noch Zahnstocher für die Gäste bereitgehalten werden. Der jeweilige Gastgeber hat es dann entweder gut gemeint oder sich gar nichts dabei gedacht. Bitte nie bei Tisch benutzen, auch nicht hinter vorgehaltener Hand. Es ist eine Zumutung für die eigenen Tischnachbarn und alle anderen Gäste. Wer nach einer Mahlzeit das dringende Bedürfnis hat, Speisereste zu entfernen, geht bitte in den Waschraum.

Kosmetische Anwendungen und Korrekturen

Beim Essen gilt: Nicht ins Gesicht und schon gar nicht in die Haare fassen! Das lässt sich im Waschraum viel besser erledigen. Komplizierter wird es beim Thema „Lippenstift". Gegen das Nachziehen der Lippen ist in rein privaten Situationen nichts einzuwenden, wenn es schnell und diskret gemacht werden kann. Das setzt auch voraus, dass der Lippenstift in der Tasche nicht erst gesucht werden muss und dazu noch Einzelteile aus der Tasche auf den Tisch gelegt werden müssen. Bei einem Geschäftsessen ist davon allerdings nur abzuraten: Öffentliche Korrekturen am Make-up können das Image der Geschäftsfrau ruinieren!

Salz und Pfeffer extra verlangen

In manchen Häusern fehlen Salz und Pfeffer auf dem Tisch. Natürlich kann man den Service danach fragen und wird das Gewünschte auch bekommen. Es kann aber auch sein, dass damit der Koch beleidigt wird. Denn in guten Restaurants ist der Koch stolz darauf, alles perfekt abgeschmeckt zu haben.

Rauchen am Tisch

Seit 2007 fehlen in Restaurants und Speisegaststätten auf den Tischen die Aschenbecher. Mit dem Inkrafttreten des Nichtraucherschutzgesetzes wurde der blaue Dunst aus weiten Bereichen der Gastronomie verbannt. Damit hat sich auch die Frage nach dem Tabakgenuss vor, während und nach dem Essen erübrigt. Dort, wo es keine gesetzlich fundierte Regel gibt, also etwa auf Familienfeiern, die als „geschlossene Gesellschaft" veranstaltet werden, gelten die „alten" Benimmregeln weiterhin. Zum Aperitif darf geraucht werden, dann verschwinden die Aschenbecher vom Tisch, denn sie werden erst wieder nach dem Dessert zum Espresso gebraucht. Zwischen den einzelnen Gängen wird nicht geraucht.

Allerdings ist das Bereitstellen von Aschenbechern kein Freibrief für die Zigarette. Immer sollten die anderen Gäste am Tisch gefragt werden. Erst wenn alle Gäste zugestimmt haben, sollten sich die Raucher ihrem Laster hingeben.

Servietten als Taschentücher verwenden

Die bereitgelegten Servietten haben nur eine Aufgabe. Sie sollen die Lippen von Fettresten befreien, bevor die Gläser Fettränder bekommen. Eine andere Verwendung der Serviette gilt als grober Regelverstoß. Auf keinen Fall sollte die Serviette als Ersatz für ein sauberes Taschentuch verwendet werden.

Handtasche oder Handys auf den Tisch legen

Auf den Esstisch gehört nur das, was zum Essen und Trinken gebraucht wird. Die Handtasche hat auf einem gedeckten Tisch nichts zu suchen. Das gilt übrigens auch für das Handy oder den Blackberry. Sie könnten von der Unterhaltung bei Tisch ablenken, weil ihre sichtbare Existenz schon Aufmerksamkeit auf sich zieht.

Ein Beispiel: Bei einem Restaurantbesuch habe ich unlängst zwei Herren beobachtet, die gemeinsam gekommen waren und sich noch beim Betreten des Gastraumes angeregt unterhalten haben. Sie suchten sich einen Tisch und legten – wahrscheinlich, um ihr neues Revier zu markieren – als erstes ihre Handys auf die Tischdecke.
Dann vertieften sich beide in die Speisekarte. Noch bevor eine Bestellung aufgegeben werden konnte, machte sich eins der beiden Handys bemerkbar. Sein Besitzer nahm das Telefonat an. Inzwischen übernahm der andere die Bestellung für beide. Nach dem Telefonat vertieften sich beide wieder ins Gespräch miteinander. Aber es dauerte nicht lange, bis beide telefonierten. Wahrscheinlich wollten sie sich gegenseitig ihre Wichtigkeit beweisen. Mit gutem Stil in einem Restaurant hat das aber nichts zu tun!

Von fremden Tellern naschen

„Wer hat denn von meinem Tellerchen gegessen?", fragt ein Zwerg im Märchen „Schneewittchen". Wir erinnern uns, wie das Märchen endet. Was im Märchen durchgeht, verstößt gegen die Regeln des Alltags. Der Teller des Tischnachbarn ist tabu. Das gilt auch, wenn es sich um den Teller des Partners handelt, also auch bei ganz privaten Essen in der Öffentlichkeit. Weder wird vom fremden Teller genascht, noch werden die eigenen Überreste dorthin verfrachtet. Auch wenn das manchmal schwerfällt.

Quer über den Tisch greifen

Nicht immer stehen alle Angebote auf dem Tisch unmittelbar in Reichweite. Brot und Butter werden zumeist nicht in Einzelportionen serviert, sondern immer für mehrere Gäste. Bitte nicht über den gedeckten Tisch hangeln, um an den Brotkorb zu kommen. Besser ist es, um aktive Mithilfe zu bitten. Jeder am Tisch wird bereitwillig sein Besteck aus der Hand legen und der Bitte nachkommen.

Vom Fußboden etwas aufheben

Mitunter landet auch etwas auf dem Fußboden. Das kann jedem passieren und ist noch nicht tragisch. Tragisch kann es aber werden, wenn der Gast versucht, das Malheur selbst zu beheben und sich unter den Tisch begibt. Gute Servicekräfte haben ihre Gäste im Blick und eilen sofort herbei. Wenn der Service von sich aus nicht reagiert, sollte eine freundlich vorgetragene Bitte mit einem Wort der Entschuldigung ausreichen.

Kräftig am Tisch die Nase putzen

In der kalten Jahreszeit werden viele von einem Schnupfen geplagt. Das ist aus medizinischer Sicht nicht weiter schlimm, kann aber lästig sein. Besonders dann, wenn häufiger zum Taschentuch gegriffen werden muss. Das Naseputzen wird hierzulande toleriert (im Unterschied zu Thailand, wo es als grobe Unhöflichkeit bewertet wird), wenn es dezent und möglichst diskret vonstattengeht. Bitte vom Tischnachbarn abwenden. Wer zwischen zwei Tischnachbarn sitzt, sollte seinen Stuhl nach hinten rücken und sich leicht vorbeugen.

Viel Alkohol trinken

Auch der Umgang mit Alkohol verlangt gegenseitige Rücksichtnahme und Toleranz. Jeder sollte selbst entscheiden, ob er Alkohol trinken möchte oder nicht. Es ist nicht angebracht, einen Nichttrinker ständig zum Trinken zu animieren und ihn als Spielverderber abzutun.

Ein Beispiel: Das Marketingteam hat sich für die diesjährige Weihnachtsfeier für ein Abendessen in einem Brauhaus entschieden. Hier wird herzhaftes, deftiges Essen serviert. Dazu gibt es natürlich das hauseigene Bier in drei Varianten. Die Teamassistentin hat nur einen Tisch für acht Personen bestellt. Gegessen und getrunken wird à la carte. Alle treffen sich schon um 17.00 Uhr zur Besichtigung der Brauerei, danach nehmen sie ihre Plätze im Restaurant ein. Sofort kommen zwei Kellner, bringen die Speisekarten und fragen nach den Getränkewünschen. Der Bierdurst scheint nach der Besichtigung groß zu sein. Nur Hans Korn bestellt sich eine Cola. Bald werden die Getränke ser-

viert: sieben halbe Liter Bier und eine Cola. Dirk guckt auf die Cola und ruft: „Hans, was ist denn mit Dir los? Willst Du uns die Stimmung verderben? Ein Gläschen in Ehren kann schließlich niemand verwehren!" Die Runde nickt und Hans antwortet: „Vielen Dank! Heute bleibe ich bei Cola." Die Runde stichelt weiter. Hans hat es nicht leicht. Denn was niemand in der Runde weiß: Hans ist trockener Alkoholiker.

Blumensträuße ins Restaurant mitbringen

Die Unsitte, zu einer Einladung in ein Restaurant Blumen mitzubringen, hat sich in den letzten Jahren verbreitet. Schade, denn das schafft viele Unannehmlichkeiten: Das Restaurant muss Vasen bereitstellen. Nicht selten sind das dann Küchengefäße, weil es in Restaurants gar keine Vasen gibt. Dann stören große Sträuße auf dem Tisch, und schließlich müssen die Gastgeber die nassen Sträuße auch noch nach Hause transportieren. Besser ist es daher, am Folgetag einen Blumenstrauß mit einer netten Danksagung ins Haus der Gastgeber zu schicken. Alternativ bleibt ein weniger aufwändiges Mitbringsel.

Das passende Getränk auswählen

Zum Essen gehört auch ein Getränk. Bei vorab bestellten Menüs bleibt uns die Auswahl erspart, denn der Gastgeber hat zum Essen auch die passenden Getränke geordert. In diesem Falle ist die Getränkeauswahl zu akzeptieren. Eigenmächtige Bestellungen sind dann auch eine Form der Missachtung des Gastgebers.

Wasser mit oder ohne Sprudel sollte immer auf dem Tisch stehen. Es löscht nicht nur den Durst, es hilft auch beim Neutralisieren der Geschmacksnerven zwischen einzelnen Speisen. Und wer mag, kann es zu allen Gerichten trinken.

Softdrinks und Säfte können auch geordert werden, hier ist aber Vorsicht geboten, denn sie enthalten Zucker, der sich nicht unbedingt mit den bestellten Gerichten verträgt.

Bleiben Bier mit und ohne Alkohol und Weine. Hier gilt zu entscheiden, was wozu passt. Manchmal kommt nur Bier, manchmal nur Wein in Frage. Zu Eisbein und Sauerkraut ist das kühle Bier ein ideales Getränk. Zu edlem (und teurem) Fleisch passt dagegen besser ein Wein. Zum Salat sollte allerdings kein Wein getrunken werden, weil sich die unterschiedlichen Säuren nicht vertragen. Zur Vorsuppe kann auch Wein getrunken werden, hier ist aber die Auswahl schwierig.

Es gibt die vielfältigsten Weine aus den unterschiedlichsten Anbaugebieten weltweit. Da ist es nicht ganz einfach, die Übersicht zu behalten. Aber es gelten einige Regeln, wenn es um den guten Tropfen zum Essen geht:

- Rotwein wird mit 18° C serviert und passt zu dunklem Fleisch, wie Rind, Hammel, Wild.
- Weißwein kommt mit 8° bis 10 °C auf den Tisch und passt zu weißem Fleisch, wie Fisch, Kalb, Geflügel. Allerdings wird diese alte Regel heute auch flexibel gehandhabt.
- Sekt und Champagner werden gekühlt mit 5° bis 7 °C serviert und nicht vorgekostet.

Flaschenweine werden üblicherweise vorgekostet. Der Gastgeber prüft die Farbe und den Geruch, dann nimmt er einen kleinen Schluck. Gibt es Grund zur Beanstandung, sollte der Gastgeber die Flasche zurückgehen lassen. Ist er unsicher, kann er sich beim Ober, besser beim Sommelier (Weinkellner), oder bei einem seiner Gäste Rat holen. Rotweine werden mitunter dekantiert. Dazu wird der Wein vorsichtig aus der Flasche in eine Glaskaraffe umgefüllt. Dabei kommt der Wein mit Luft in Berührung und kann dann sein volles Aroma entfalten!

Übrigens dürfen angebrochene Weine, die der Gast bestellt hat, durchaus mitgenommen werden.

Vor dem Essen kann ein Aperitif angeboten werden, der das Beisammensein eröffnet. Klassische Aperitifs sind Sekt oder Campari. Säfte und Cocktails wirken sättigend und sind als Aperitif nicht geeignet. Der Aperitif sollte bis zum Servieren der Speisen ausgetrunken sein, denn wenn das Essen kommt, wird vom Aperitif nicht mehr getrunken.

Wenn alle Gäste mit einem Getränk versorgt sind, wird der Gastgeber oder der Ehrengast sein Glas erheben und den Gästen zuprosten. Die anderen Gäste erheben dann ebenfalls ihre Gläser in Richtung Gastgeber. Das Zuprosten nicht übertreiben. „Zum Wohl" oder „Auf Ihr Wohl" sind geeignete Formen. Auch ein „Prosit" kann angebracht

Beim Anstoßen und Zuprosten reicht ein schlichtes „Zum Wohl!".

sein, aber kein „Prost!". Die Gläser werden erst abgesetzt, wenn niemand mehr trinkt. Nach dieser Eröffnungszeremonie trinkt dann jeder nach seinem Belieben.

Anstoßen macht nur Sinn mit „klingenden" Gläsern, die am Stiel gehalten werden können. Bierkelche, Saftgläser sind dafür wenig geeignet. Mit Schnapsgläsern wird generell nicht angestoßen. In diesen Fällen reicht es aus, in Blickkontakt zu den anderen Gästen zu treten.

Gäste, die konsequent keine alkoholischen Getränke zu sich nehmen (wollen), sollten auch nicht dazu überredet werden. Hier ist die Entscheidung des Einzelnen diskussionslos zu akzeptieren.

Nach dem Essen kann ein Digestif für die Verdauung förderlich sein. Klassisch sind Grappa, Obstler oder Kräuterschnäpse. Sie sind hochprozentig und helfen, das mit dem Essen aufgenommene Fett zu spalten.

Zum Abschluss eines Essens wird üblicherweise Kaffee angeboten. Hier stehen zwei Möglichkeiten zur Auswahl: ein Kaffee oder ein Espresso. Cappuccino und Latte macchiato sind zum Abschluss eines Essens nicht geeignet.

Eine Beschwerde vortragen

Sollten Sie sich beim Service beschweren wollen, ist das natürlich Ihr gutes Recht. Doch gerade in so heiklen Situationen ist formvollendetes Benehmen gefragt. Den Kellner antanzen zu lassen, um ihn dann lautstark herunterzuputzen, zeugt von schlechtem Stil. Besser ist es, die eigene Beschwerde freundlich und ruhig vorzutragen.

Ein Beispiel: Herr Schneider hat seine Frau zum 29. Hochzeitstag zu einem Candle-Light-Dinner eingeladen. Beide sitzen am Tisch und warten auf ihr Steak. Er hat es „well done" bestellt, sie „medium". Der Kellner bringt die beiden Teller und stellt sie vor den Gästen ab. Genüsslich beginnen die beiden zu essen. Als Herr Schneider sein Steak anschneidet, verteilt sich roter Fleischsaft auf seinem Teller. Damit ist ihm der Appetit vergangen. Bei seiner Frau das gleiche Bild, doch sie liebt diese Variante der Steakzubereitung. Herr Schneider gibt dem Kellner ein dezentes Handzeichen. Der kommt sofort und hört Schneider leise

sagen: „Entschuldigung, da ist wohl ein Versehen passiert. Bitte las-
sen Sie mein Steak durchbraten." Der Kellner entschuldigt sich und
verschwindet mit dem Teller.

Die Gäste sollten davon nach Möglichkeit nichts mitbekommen.
Außerdem ist die Unzufriedenheit gleich zu äußern, nicht erst,
wenn der Ober die Teller wieder abholt. Je genauer der Grund
angegeben wird, desto größer ist die Chance, dass in der Küche
entsprechend nachgebessert werden kann.

Wichtig ist es, den eigenen Ärger über ein missratenes Gericht
nicht am Ober auszulassen, denn er hat weder gekocht noch
angerichtet. Zudem sind die Geschmäcker der Gäste ja sehr verschieden.

Reden bei Tisch

Ein gemeinsames Essen ist immer auch verbunden mit einem
Small Talk, mit einem Geplauder über angenehme Themen. Insbesondere dann, wenn zwischen den einzelnen Gängen Wartezeiten entstehen; siehe hierzu auch das Unterkapitel „Small Talk
pflegen".

Die Tischrede sollte zum richtigen Zeitpunkt gehalten werden.

Mit Tischreden niemanden überstrapazieren.

Grundsätzlich kann das vor bzw. nach
jedem Gang der Fall sein. Aber überdenken
wir die Konsequenzen: Vor oder nach dem
ersten Gang warten die Gäste eher gespannt
auf die Menüfolge als auf eine Rede. Die Tischrede vor dem

Hauptgang stellt das Küchenpersonal oft vor Probleme. Hier wird jetzt der Ablauf unterbrochen. Der Zeitpunkt zwischen dem Hauptgang und dem Dessert ist ideal: Die Gäste sind satt und können die kleine Pause bis zum Dessert gut gebrauchen.

Tischreden sollten kurz, interessant und gut vorbereitet sein. Es reicht aus, im richtigen Moment aufzustehen. Auf keinen Fall mit einem Löffel gegen ein Glas schlagen! Dann richten sich alle Blicke auf den Redner, die Gespräche am Tisch verstummen. In öffentlichen Gaststätten, in denen noch fremde Gäste anwesend sind, darf sich der Redner, wenn er sich der Aufmerksamkeit seiner Gäste sicher ist, ausnahmsweise auch wieder hinsetzen.

Tischreden sind dem Anlass anzumessen. Sie sollen persönlich gehalten sein, dazu braucht es kein Redemanuskript. Eine Tischrede kann mit einem Toast beendet werden. Bitte dabei darauf achten, dass die Gäste nicht vor leeren Gläsern sitzen!

Üblicherweise werden die Leistungen des Servicepersonals mit einem Trinkgeld anerkannt. Hierzulande sind fünf bis zehn Prozent der Rechnungssumme angemessen. Das Trinkgeld wird immer in bar gereicht.

Check-up: So geht's!

- In der Öffentlichkeit Haltung bewahren
- Andere Gäste nicht belästigen
- Tischmanieren beachten
- Hände bis zu den Handgelenken auf den Tisch legen
- Den Service um Unterstützung bitten
- Zum Essen passende Getränke bestellen
- Trinkgeld nicht vergessen

Check-up: Und so bitte nie wieder!

- Ohne Aufforderung des Services an den gedeckten Tisch setzen
- Essgeräusche aller Art
- Mit dem Besteck klappern oder gestikulieren
- Sich während des Essens ins Gesicht oder gar in die Haare fassen
- Stielgläser am Kelch anfassen

- Die Benutzung von Zahnstochern bei Tisch

- Die Serviette als Taschentuch benutzen

- Vom Teller des Nachbarn kosten, auch nicht vom eigenen Partner

- Taschen, Handys oder Handschuhe auf dem Tisch ablegen

- Während des Essens den Tisch verlassen

- Arme oder Ellenbogen auf den Tisch legen

- Kaffeelöffel ablecken, denn Kaffee ist ein Getränk, keine Speise

- Den Teebeutel auf der Untertasse ablegen

- Mit ausgestrecktem Arm über den Tisch fassen

- Zu einer Einladung ins Restaurant Blumen mitnehmen

- Lautstark Beschwerden vortragen

- Jemanden zum Alkoholtrinken animieren

- Mit dem Besteck gegen ein Glas schlagen (für eine Tischrede)

Auf Reisen und im Ausland

Die schönste Zeit des Jahres beginnt und endet zumeist mit einer Reise. Das ist oft strapaziös. Ist man dann endlich angekommen, gilt es, sich schnell zu orientieren, damit der Urlaub tatsächlich erholsam wird. Hotels haben ihre eigenen Erwartungen an ihre Gäste, die für ein reibungsloses Miteinander beachtet werden sollten. Führt die Reise ins Ausland, sind wir zudem alle gut beraten, die dort herrschenden Sitten und Gebräuche zu respektieren.

Auf Fernreisen

Fernreisen sind immer beschwerlich, da ist es egal, ob per Bahn oder mit dem Flugzeug. Der Reisende ist auf die Pünktlichkeit der Bahn angewiesen, sonst sind möglicherweise die Anschlusszüge nicht mehr erreichbar. Auch verspätete Flüge führen zu Wartezeiten oder zu nicht eingehaltenen eigenen Terminverpflichtungen. Auf die Pünktlichkeit hat der einzelne Reisende keinen Einfluss, wohl aber darauf, ob die Reise möglichst entspannt zum Wunschziel führt.

In der Bahn

Hier ist gegenseitige Rücksichtnahme ein Muss. Da sind Menschen gezwungen, auf engstem Raum viel Zeit zu verbringen. Im ICE ist darauf zu achten, dass Mitreisende nicht über Gebühr belästigt werden. Und dafür gibt es viele Möglichkeiten. Koffer versperren den Weg, lautstark werden Telefonate und persönliche Gespräche geführt, der Geruch des Mett-Zwiebelbrötchens breitet sich aus, leere Plätze sind mit Gepäck belegt usw.

Rücksichtnahme auf andere Reisende heißt im Zug vor allem Ruhe zu bewahren und sich nicht über Gebühr breitzumachen. Das gilt auch für die ausgestreckten Beine und die okkupierte Armlehne. Es ist auch nicht verkehrt, neu zugestiegenen Reisenden Hilfe beim Verstauen von Gepäck anzubieten.

Ist der Zielbahnhof schließlich erreicht, sollten wir auch nichts im Zug zurücklassen. Reisende lassen oftmals in Zügen ihre Hinterlassenschaft einfach liegen. Da findet sich die gelesene Zeitung, die leere Getränkeflasche und andere Reisereste. Es steigen aber möglicherweise andere Fahrgäste zu, die dann erst mal aufräumen müssen.

Es ist unüblich, sich bei den Mitreisenden vorzustellen, aber ein kurzer Gruß signalisiert „Ich habe Dich zur Kenntnis genommen". Genauso kann man sich beim Aussteigen auch wieder verabschieden. Die Zugfahrt ist immer auch eine gute Gelegenheit, mit Fremden ins Gespräch zu kommen und sich in der Kunst des Small Talks zu üben. Hier ist allerdings

In Verkehrsmitteln muss man sich nicht vorstellen.

Feingefühl gefragt, denn nicht jeder Reisende möchte sich in Gespräche verwickeln lassen.

Im Flugzeug

In der Luft im Flieger regelt sich manches von selbst. Der Gebrauch elektronischer Geräte ist eingeschränkt. Das bleibt hoffentlich auch so, denn es wäre ein Alptraum, in der Economy class auf einem Mittelplatz zwischen zwei aktiven Handynutzern zu sitzen.

Die Fluggäste in der unmittelbaren Nachbarschaft werden kurz gegrüßt. Müssen sie aufstehen, um andere zu ihrem Fensterplatz durchzulassen, verdienen sie ein Dankeschön. Die Flugbegleiter bekommen für ihren anstrengenden Job in der Luft auch ein Dankeschön.

Hier gilt besonders, nicht mehr Platz zu beanspruchen, als in der gegebenen Enge möglich ist. Die Armlehne markiert die Grenze zum Nachbarterritorium. Und der Nachbar hat auch nicht mehr Platz. Gangplätze werden vor allem auch deswegen gern genommen, weil sie mehr Beinfreiheit versprechen. Aber bitte nicht den Gang blockieren.

In einem Flugzeug ist angemessenes Verhalten auch eine Frage der Flugsicherheit. Es kommt immer mal vor, dass Maschinen zur Landung auf dem nächsten Flughafen gezwungen werden, weil Fluggäste sich nicht an die Regeln halten.

Verhalten im Hotel

In Hotels wird üblicherweise viel getan, damit es den Gästen gut geht. Dafür können Hotelbetreiber auch erwarten, dass sich ihre Gäste angemessen verhalten und rücksichtsvoll miteinander umgehen. Grundsätzlich kann gelten, sich in Hotels so zu verhalten, wie wir es zu Hause auch von unseren Gästen erwarten würden.

Dazu gehört ein angemessener und fairer Umgang miteinander. Im Hotel existiert zwar keine festgelegte Nachtruhe, aber es ist sicher, dass in unmittelbarer Nachbarschaft andere Gäste wohnen, die längst das Licht ausgeschaltet haben und schlafen. Am Frühstücksbüfett muss nicht gedrängelt werden. Erfahrungsgemäß reichen die angebotenen Speisen für alle und werden auch immer wieder nachgelegt.

In Hotels arbeiten viele dienstbare Geister, die immer bemüht sind, es den Gästen so angenehm wie möglich zu machen. Dafür verdienen sie alle – von den Mitarbeitern am Empfang über die Servicekräfte im Restaurant bis hin zu den Zimmermädchen – die Freundlichkeit der Gäste. In Hotels gibt es, wie in anderen Unternehmen auch, eine hierarchische Ordnung und unterschiedliche Kompetenzbereiche, die beachtet werden sollten. Zentraler Anlaufpunkt wird immer die Rezeption sein, deren Mitarbeiter Informationen sicher auch gern intern weitergeben.

In Hotels kommt meist in den Vormittagsstunden der Zimmerservice zum Einsatz. Die Zimmer werden aufgeräumt und gereinigt, die Bäder geputzt. Es kann aber nichts schaden, wenn man seine persönlichen Sachen vor dem Verlassen des Zimmers sauber auf die Seite legt.

Zum Hoteleigentum gehören auch bewegliche Dinge, wie Kugelschreiber, Schreibmappen, Gläser, Handtücher, Aschenbecher, Programmzeitschriften, manchmal auch Bademäntel … und diese Sachen sollten im Besitz des Hotels verbleiben. Alles, was im Bad in Einzelverpackungen (Seife, Shampoo, Bodylotion usw.) bereitgestellt ist, dient dem individuellen Gebrauch und darf letztendlich auch mitgenommen werden.

Und wenn es eine Minibar gibt, ist der Verbrauch tagaktuell auf den dafür vorgesehenen Formularen einzutragen und beim Auschecken an der Rezeption zu bezahlen.

Die Kosten für einen Restaurantbesuch kann man sich ebenso aufs Zimmer schreiben lassen. Hierzu reichen die Angabe der Zimmernummer und die Unterschrift des Gastes auf dem Kassenbeleg. Trotzdem freut sich das Servicepersonal über ein Trinkgeld in bar, wenn der Gast mit seinen Leistungen zufrieden war; siehe auch das Kapitel „Im Restaurant".

Belohnen Sie gute Serviceleistungen mit einem Trinkgeld!

Auf Kreuzfahrt

Kreuzfahrten liegen im Trend! Sie sind längst keine Domäne mehr für Besserverdienende. Dieses Segment des Tourismus ist in den letzten Jahren stetig gewachsen. Kreuzfahrten bieten eine gelungene Mischung aus Erholung an Bord sowie Land und

Sightseeing in den jeweiligen Destinationen. Mit dem vermehrten Platzangebot sind auch die Preise für „Otto Normalverbraucher" bezahlbar. Die schönen Bilder, die wir vom „Traumschiff" kennen, gibt es sicher in bestimmten Schiffskategorien immer noch. Daneben gibt es aber auch Angebote, bei denen der entspannte Urlaub im Vordergrund steht.

Ein Beispiel: Es braucht heute nicht mehr die große Abendrobe fürs „Kapitän's-Dinner". So wird im Katalog der bekannten AIDA-Flotte für das Leben an Bord und die Landausflüge legere Kleidung empfohlen, die den klimatischen Bedingungen entspricht und an den Kulturkreis des jeweiligen Zielgebietes angepasst ist. Und weiter: „Restaurants und Bars sollten nicht in Bade- bzw. Sportkleidung besucht werden. Abends empfehlen wir sportlich-elegante Kleidung. Smoking oder Abendkleid können Sie ruhig zu Hause lassen."

Damit ist ein Dresscode formuliert, mit dem man entspannt Urlaub machen kann, ohne sich mehrmals am Tag umziehen zu müssen. Allerdings sollten diese minimalen Vorgaben auch eingehalten werden. Nackte Männerbeine gehören nicht ins Restaurant. Auch auf Landausflügen gilt: „No shorts!"

Bei anderen Anbietern gibt es strengere Vorgaben, über die man sich unbedingt vor Reisebeginn informieren sollte. Die formulierten Empfehlungen sind zu berücksichtigen, um dann nicht kleidungstechnisch völlig aus dem Rahmen zu fallen. Egal, welcher Dresscode formuliert ist, Highheels sind nicht schiffstauglich. Das Schiff bewegt sich, manchmal sogar heftiger, da braucht es durchaus rutsch- und standfeste Schuhe, die die Eigenbewegungen des Schiffes gut ausgleichen können.

Auf jedem Kreuzfahrtschiff gibt es Sonnendecks mit vielen Lie-

Keine Liegestühle mit Handtüchern reservieren.

gestühlen. Es ist leider eine weit verbreitete Unsitte, sich selbst Liegestühle mit Handtüchern zu reservieren, aber nicht zu nutzen. Es ist rücksichtslos gegenüber anderen Urlaubern, sein Revier im Voraus zu markieren, wenn man es nicht benötigt. Andere fühlen sich dadurch benachteiligt.

Auf Kreuzfahrtschiffen leben vorübergehend viele Menschen auf engstem Raum. Da ist gegenseitige Rücksichtnahme ein Muss. Wer nachts aus einer Bar kommt, sollte seine Kabine möglichst leise aufsuchen, weil in den anderen Kabinen längst Nachtruhe herrscht.

Bei den gebuchten Landausflügen ist auf Pünktlichkeit zu achten. Dahinter steht oft eine umfangreiche Organisation und Logistik. Da ist es dann ziemlich rücksichtslos, wenn sich einzelne Gäste nicht an die vorgegebenen Zeiten halten. Das führt dann dazu, dass ein voll besetzter Bus warten muss, bis auch das allerletzte Foto gemacht ist.

Auf einem Schiff gibt es aus Gründen der Betriebssicherheit und des Brandschutzes für die Passagiere und Besatzungsmitglieder zahlreiche Sicherheitsbestimmungen. Es versteht sich von selbst, dass diese strikt eingehalten werden. Sie haben alle ihren Sinn, auch wenn sie für den einzelnen Passagier nicht immer nachvollziehbar sind.

Die Besatzungsmitglieder, insbesondere auch im Service, sind meist sehr international zusammengestellt. Sie sind stets freundlich und kundenorientiert. Sie arbeiten auf See oft monatelang von den eigenen Familien getrennt. Sie sollten immer höflich behandelt werden. Es ist einfach schlechter Stil und manchmal auch peinlich, wenn an den Servicekräften im Restaurant die eigene schlechte Laune ausgelassen wird. Sollte es doch einmal Grund zur Unzufriedenheit geben, lässt sich das mit einem Lächeln und in einem angemessenen Ton meist zur Zufriedenheit aller Beteiligter lösen.

Der Ton macht die Musik!

Im Auto unterwegs

Für Autofahrer ist der Paragraf 1 der Straßenverkehrsordnung bindend. Er besagt: „Die Teilnahme am Straßenverkehr erfordert ständige Vorsicht und gegenseitige Rücksicht. Jeder Verkehrsteilnehmer hat sich so zu verhalten, dass kein Anderer geschädigt, gefährdet oder mehr als nach den Umständen unvermeidbar, behindert oder belästigt wird."

Hier ist die Grundregel des guten Benehmens, aufmerksam und rücksichtsvoll mit den Mitmenschen umzugehen, sogar gesetzlich verankert. Aber jeder Verkehrsteilnehmer weiß, dass sich nicht immer alle Zeitgenossen daran halten. Da wird gerast und gedrängelt bis zur Nötigung. Damit bringen Autofahrer sich selbst und auch andere Verkehrsteilnehmer in Gefahr.

Ein Beispiel: Da wird auf freie Parkplätze – besonders im Citybereich – Jagd gemacht und wohl auch nicht immer umsichtig eingeparkt. Da sind Radfahrer, die ihren Radweg meiden und stattdessen lieber die

Fahrbahn benutzen, womit sie den frei fließenden Verkehr behin-
dern ... Der Katalog von Verletzungen der Straßenverkehrsordnung ist
lang. Mit gutem Benehmen hat das alles nichts zu tun!

Eine defensive Fahrweise wäre Ausdruck von Höflichkeit gegenüber anderen Verkehrsteilnehmern und zudem auch noch ein
Beitrag zur Erhöhung der Verkehrssicherheit auf unseren Straßen.

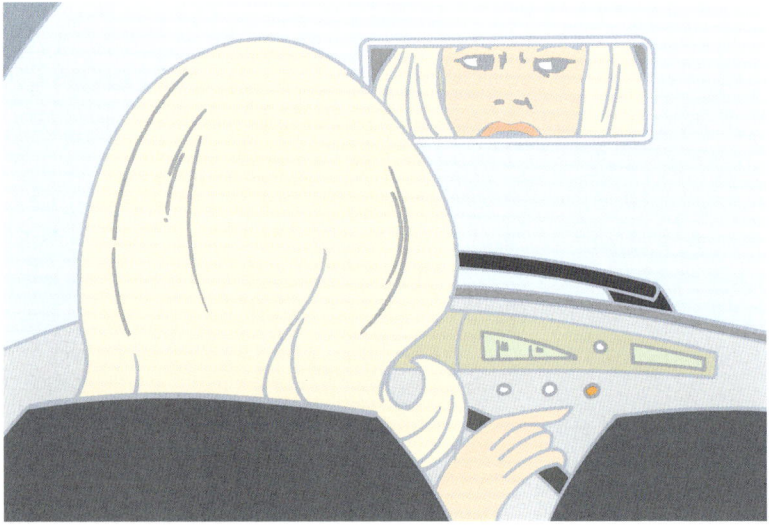

Es soll sogar Autofahrer geben, die ihre Ungeduld oder Unzufriedenheit mit der Fahrweise anderer Verkehrsteilnehmer in
eindeutigen Gesten und Worten zum Ausdruck bringen. Das ist
eine grobe Unhöflichkeit und zudem verboten.

Die Plätze im Auto haben unterschiedliche Bedeutung. So heißt
es in einem Werbespot von Renault: „Die wichtigsten Personen

sitzen immer hinten!" In der Werbung sind damit die drei Kinder der Familie gemeint. Aber die Aussage ist richtig. Auch ein Ehrengast, der transportiert werden soll, sitzt hinten rechts. Dieser Platz gilt als der sicherste, während der Platz auf der linken Seite als der unsicherste gilt. Sind Fahrer und sein Gast gleichberechtigt, sprich gleichrangig, kann der Gast auch auf dem Beifahrersitz Platz nehmen.

Das Parken

Beim Parken ist immer auch darauf zu achten, dass andere nicht behindert werden. Auf vielen Parkplätzen und in Parkhäusern sind die Parkflächen markiert. Hier findet ein normaler Pkw ausreichend Platz. Es ist rücksichtslos, zwei Parkplätze zu belegen oder so zu parken, dass die Insassen der benachbarten Autos nicht mehr einsteigen können.

Auch aus eigener Bequemlichkeit in der zweiten Reihe zu parken, um mal eben ein paar Brötchen zu kaufen, lässt gegenseitige Rücksichtnahme vermissen.

Der Gesetzgeber hat zudem geregelt, dass Behindertenparkplätze nur durch berechtigte Personen zu nutzen sind. In vielen Parkhäusern und an Autobahnraststätten gibt es spezielle Parkplätze für Frauen. Allein reisende Damen sind aber auf die Einsicht anderer Reisender angewiesen, diese Plätze tatsächlich nicht zu belegen. Sie befinden sich meist in der Nähe zu den Rasthäusern, um den Damen einen langen Weg über einen dunklen Parkplatz zu ersparen.

Als Beifahrer unterwegs

Auch Beifahrer verdienen besondere Aufmerksamkeit. Man muss sie auf längeren Reisen nicht dem eigenen Musikgeschmack aussetzen. Es kann auch gegen das Gebot der Höflichkeit verstoßen, die Mitfahrer Ohrenzeuge diverser Telefonate werden zu lassen. Daran ändert auch eine Freisprechanlage (die für den Fahrer vorgeschrieben ist!) nichts. Und als Beifahrer hat man sich ebenso an die Regeln der Höflichkeit zu halten. Das verlangt, dass die Fahrweise des jeweiligen Fahrers oder der Fahrerin nicht kommentiert wird – auch wenn das mitunter schwerfällt.

Andere Länder – andere Sitten

Im Zeitalter zunehmender Internationalisierung ist ein Höchstmaß an Verständigung und Respekt der Menschen füreinander notwendig. Denn verschiedene Nationalitäten besitzen ebenso verschiedene Wertvorstellungen und Traditionen. Auf dieser Grundlage haben sich auch bestimmte Verhaltensmuster herausgebildet. So eilt den Deutschen der Ruf nach Pünktlichkeit, Zuverlässigkeit, Ordnung und Sauberkeit voraus. Es kann nicht schaden, wenn wir diesen guten Ruf bei unseren Auslandsreisen auch bestätigen. Das ist auch dann richtig, wenn wir wissen, dass es mit der Pünktlichkeit in anderen Ländern nicht so genau genommen wird. Wenn Sie sich schon vor Reiseantritt über die Sitten und Gebräuche in Ihrem Gastland informieren, können Sie manches Fettnäpfchen vermeiden.

Jeder lebt im eigenen kulturellen Kontext.

Zur eigenen Orientierung, die auch immer Sicherheit vermittelt, hier eine kleine Auswahl von präzise formulierten, kurzen Hinweisen zu ausgewählten Ländern und Kulturen. Am Anfang stehen die europäischen Länder, dann folgen die islamisch geprägten Länder, der afrikanische Kontinent und der asiatische Bereich. Anschließend geht die Reise weiter in Richtung amerikanischer Kontinent.

Frankreich

Sie werden mit „Madame" bzw. „Monsieur" angesprochen, dabei muss der Name nicht genannt werden. Man begrüßt sich mit Handschlag, der doppelte Wangenkuss ist guten Freunden und Bekannten vorbehalten. Pünktlichkeit ist üblich, aber kleinere Verspätungen werden wohlwollend toleriert.

Das Essen ist Kultur und dauert mehrere Stunden. Zum Abschluss wird Käse gereicht, den man scheibchenweise von der angebotenen Platte nimmt. Das französische Frühstück unterscheidet sich deutlich von unseren Gepflogenheiten: ein Croissant mit Butter und Marmelade, dazu Kaffee – das war's.

Griechenland

Die Griechen gelten als gastfreundlich. Hier ist stets der Handschlag zur Begrüßung üblich. Untereinander begrüßen sich die Griechen mit Umarmungen und Schulterklopfen. Werden wir umarmt, sind wir auf dem Weg, neue Freunde zu finden. Pünktlichkeit spielt keine große Rolle, dafür Wünsche für einen schönen Tag, eine gute Woche oder einen erfolgreichen Monat. Zum

Abschluss eines Essens folgt oft die Einladung auf einen Ouzo, dem griechischen Nationalgetränk.

Italien

Hier kommt man sich schnell näher. Fremde werden mit Handschlag begrüßt. Freunde umarmen und küssen sich. In Italien spielen Titel eine große Rolle. Akademiker sind stets „Dottore" oder „Professore", ohne Namensnennung. Pünktlichkeit spielt in Italien keine große Rolle, wird von uns Deutschen aber erwartet.

Das Thema Mafia ist ein Tabuthema. Besser ist es, ein paar Worte Italienisch zu können. Die Kleidung ist in Italien sehr elegant. Dem sollten Sie als Gast Rechnung tragen und nicht zu leger herumlaufen. In Kirchen wird es nicht gern gesehen, wenn Arme und Beine der Dame unbedeckt sind. Auch nackte Männerbeine zeugen nicht gerade vom Respekt vor den religiösen Gefühlen der Gastgeber.

Was bei uns in Bezug auf italienische Lebensart angesagt ist, gilt in Italien nicht. Die Spaghetti werden nicht im Suppenlöffel, sondern am Tellerrand gedreht, und nach dem Essen wird Espresso (statt Cappuccino) oder Grappa bestellt. Italiener sitzen beim Essen übrigens sehr gerade am Tisch.

Niederlande

Die Regeln und Normen sind ähnlich wie bei uns. Die Begrüßung mit Handschlag ist üblich. Die meisten Holländer sprechen Deutsch oder Englisch, das vereinfacht die sprachliche Verständigung. Zurückhaltung ist angebracht. Arroganz und Überheblichkeit stoßen auf Ablehnung. Bei Tisch bitte nur bescheiden zugreifen, wenn zum Kaffee Gebäck angeboten wird.

Großbritannien

Briten gelten als sehr zurückhaltend, sie möchten ihr Terrain nicht verletzt sehen. Daher gilt bei der Begrüßung erst mal abzuwarten, ob die Hand gereicht wird. Das „How do you do?" ist keine neugierige Frage, sondern Teil der Begrüßung und wird mit „How do you do?" beantwortet.

Das Frühstück kann üppig ausfallen – von Cornflakes über Rühroder Spiegelei bis zu Würstchen. Der Gebrauch des Bestecks unterscheidet sich von den Gepflogenheiten auf dem Festland. Die Gabel wird beispielsweise immer mit der Wölbung nach oben gehalten, wie wir es beim Fleischschneiden auch tun. Die Briten führen die Gabel auch so zum Mund. Auch der Löffel wird anders benutzt. Während wir den Löffel mit der Spitze in den Mund nehmen, setzen ihn Briten quer zum Mund an und lassen die Suppe eher in den Mund rinnen. Der sprichwörtliche Tee wird in der Regel mit viel Milch getrunken. Der Teebeutel ist verpönt und bleibt auf jeden Fall in der Kanne.

Österreich

Die Begrüßung ist wie in Deutschland auch mit Handschlag üblich. Hierbei sind aber Titel von besonderer Bedeutung. Dazu zählen auch Berufsbezeichnungen: „Herr Ingenieur" ist durchaus üblich.

Auch ist eine gewisse Zurückhaltung angebracht. Das gilt vor allem auch für den Umgang mit der Natur. Finger weg von Pflanzen, die am Wegesrand stehen.

Schwierigkeiten bereiten mitunter bestimmte Begriffe auf einer Speisekarte. Tomaten werden Paradeiser genannt und grüne Bohnen werden als Fisolen angeboten. Einfach beim Servicepersonal nachfragen, das Ihnen sicherlich gerne weiterhilft.

Portugal

Fremde werden mit einem einfachen Händedruck begrüßt, untereinander geht es mit Umarmungen, Schulterklopfen und Küsschen herzlicher zu. Die Anrede ist „Senhora" bzw. „Senhor" ohne Namensnennung. Pünktlichkeit ist üblich und wird erwartet. In Gesprächen ist Kritik zu vermeiden, auch das Verhältnis zum Nachbarland Spanien gilt als Tabuthema.

Jemandem einen „Vogel" zu zeigen, ist schon bei uns keine feine Art. In Portugal gilt es als schlimme Beleidigung.

Die Kleidung ist zudem stets korrekt: Herren tragen immer ein Jackett und Damen recht selten Hosen.

Schweden

In Skandinavien ist es üblich, beim Betreten einer Wohnung die Schuhe auszuziehen. Die Begrüßung erfolgt per Handschlag. Pünktlichkeit wird ernst genommen. Die Kleidung ist eher leger. Selbst im Büro kann hochwertiger Freizeitlook getragen werden.

Und bei Tisch wird es gern gesehen, dass der Gast zum Abschluss Dankesworte spricht. Zudem duzt man sich in Schweden sehr schnell.

Schweiz

Man begrüßt sich per Handschlag. Pünktlichkeit ist sehr wichtig, lieber ein paar Minuten eher als eine Minute zu spät.

Die Tischsitten sind unseren sehr ähnlich. Aber es werden katholische Fastenbräuche noch strenger gehandhabt als hierzulande.

Spanien

Spanier bewahren in fast allen Lebenslagen immer ihre Contenance, das gilt auch für die Sprache und die Körperhaltung. Die Begrüßung untereinander ist sehr herzlich, Fremden wird die Hand zum Gruß gereicht. Die Anrede kann ohne Namensnennung erfolgen.

Bei der Kleidung sind die Spanier eher förmlich: Krawatte und Jackett sind auch bei Hitze noch üblich. Und beim Besuch von Kirchen ist auf eine angemessene Kleidung zu achten.

Hier wird erst spät zu Mittag und Abend gegessen. Es gilt als unhöflich, sich ungefragt zu Fremden an den Tisch zu setzen. Die Rechnung wird im Restaurant immer aus einer Hand gezahlt, auch wenn man die Zeche nachher aufteilt.

Türkei

Die Begrüßung von Fremden erfolgt mit Handschlag. Damen gegenüber ist Zurückhaltung geboten, erst abwarten, wie sie sich verhalten. Pünktlichkeit gilt als Ideal, das nicht erreicht wird, von uns wird aber Pünktlichkeit erwartet.

In Gesprächen sind politische Themen zu vermeiden, besonders die Kurdenfrage und der Konflikt um Zypern. „Oben ohne" und FKK sind absolut verpönt. Wer es trotzdem tut, muss mit Beschimpfungen oder sogar behördlichem Ärger rechnen.

Ungarn

Man begrüßt sich per Handschlag. Die Herren warten strikt ab, bis die Dame die Initiative ergreift. Pünktlichkeit steht hoch im Kurs und wird auch von Fremden erwartet.

Im Gespräch sind Themen zur kommunistischen Vergangenheit unerwünscht. Es wird Wert auf Eleganz und gute Kleidung gelegt. Die ungarische Küche ist zudem oft recht scharf gewürzt.

Islamisch geprägte Länder

In diesen Ländern existieren sehr unterschiedliche Gepflogenheiten. Um Ihre Reise oder die Begegnung mit Muslimen zu erleichtern, finden Sie im Folgenden einige nützliche Tipps und Hinweise, damit Sie nicht gleich in jedes Fettnäpfchen treten.

Grundsätzliches: Während Marokko sehr westlich orientiert ist, gelten Saudi-Arabien und der Iran als sehr konservativ. Selbst in der Türkei gibt es große Unterschiede zwischen Stadt (modern) und Land (religiös-traditionell). Araber untereinander begrüßen sich mit Umarmungen und Wangenkuss, Fremden wird zur Begrüßung die Hand gereicht. Wenn Sie als Herr eine Dame treffen, warten Sie ab, wie sie sich verhält – reicht sie Ihnen die Hand oder nicht. Als Frau sollten Sie bei der Begrüßung nicht von sich aus dem Mann die Hand zum Gruß ausstrecken, erst den Handschlag erwidern, wenn der Mann grüßt.

Strenger Dresscode: Großer Wert wird auf Kleidung gelegt. Freizeitkleidung wird nur in Touristenhochburgen geduldet. Besonders streng sind die Regeln für Frauen: Vermeiden Sie Kleidung, die die Figur betont, die Knie und Handgelenke frei lässt … und natürlich üppige Dekolletés.

Moscheen betritt man üblicherweise ohne Schuhe und in angemessener, Arme und Beine verhüllender Kleidung. Damen tragen eine Kopfbedeckung.

Wer mit Bade- oder Strandbekleidung religiöse Stätten betritt, demonstriert seine Respektlosigkeit gegenüber fremden Kulturen.

Muslime einladen bzw. selbst Gast sein: Bedenken Sie, dass in vielen arabischen Staaten das Leben strikt in eine weibliche und eine männliche Welt geteilt ist. Männer leben in der Öffentlichkeit (Außenwelt), Frauen im Haus (Innenwelt). Manche arabische Männer empfinden es daher als unhöflich, neben einer Frau zu sitzen.

Der Islam verbietet den Verzehr von Schweinefleisch und den Genuss von Alkohol. Speisen werden nie mit der linken Hand berührt – sie gilt als unrein, die rechte Hand ist die „saubere Hand". Vor dem Essen werden die Hände gewaschen, das geschieht nicht selten am Tisch. Im Fastenmonat Ramadan wird zwischen Sonnenauf- und -untergang nichts gegessen.

Afrika

Auf eine Reise auf den afrikanischen Kontinent sollte sich jeder Reisewillige gut vorbereiten. Wer die Länder des afrikanischen Kontinents bereist, sollte damit rechnen, auf andere Kulturen, Traditionen, Werte und alltägliche Gepflogenheiten zu treffen, die wir mit unseren westeuropäischen Maßstäben nicht immer nachvollziehen können.

Ein Beispiel: Im Rahmen eines Entwicklungshilfeprojektes war geplant, in einem afrikanischen Dorf einen Brunnen zu bauen, um die Wasserversorgung der Bewohner mit sauberem Trinkwasser zu gewährleisten. Bisher gingen die Frauen des Dorfes mit Tonkrügen auf dem Kopf zu einer drei Kilometer entfernten Quelle, um von dort das Trinkwasser für ihre Familien zu besorgen. Der Brunnenbau hätte also das Leben der Landfrauen erleichtern können, so glauben wir, die wir es gewohnt sind, einen Wasserhahn aufzudrehen. In Afrika stieß das Bauvorhaben jedoch auf Unverständnis. Erstens haben die Frauen die Zeit zum Wasserholen und zweitens hat der tägliche Gang zur nächsten Quelle eine wichtige soziale Funktion. Die Frauen können die gemeinsame Zeit nutzen, um sich über die Themen ihres Alltags auszutauschen.

Reisende sollten sich vor allem über die vorherrschende Religion, über geltende Regeln und Tabus in der Öffentlichkeit, aber auch über Verbote informieren.

Auch in afrikanischen Ländern wird (ähnlich wie in der arabischen Welt) auf die Beziehungspflege zwischen Gesprächs- und Geschäftspartnern viel Wert gelegt. Also wird erst belanglos geplaudert, ehe es zur „Sache" geht. Als Tabuthemen gelten dabei vor allem die Fragen der gesundheitlichen Versorgung (wie Aids) und der wirtschaftlichen Entwicklung.

In Afrika haben körperliche Kontakte einen anderen Stellenwert als bei uns. So gehört zu einem erfolgreichen Geschäftsabschluss auch eine Umarmung.

Bei einer Reise nach Afrika sind auch die geltenden Kleiderregeln zu beachten. Dass wir hierzulande im Hochsommer viel nackte Haut zeigen dürfen, heißt noch nicht, dass das auch in Afrika toleriert würde. In Tansania etwa sind FKK und „oben ohne" gesetzlich verboten, auch an typischen Touristenstränden. Kurze Hosen, Miniröcke, schulterfreie Kleider sind eine Provokation für die einheimische Bevölkerung. Darauf sollte man als Gast verzichten.

Vorsicht geboten ist auch beim Fotografieren. Wir neigen gerade im Urlaub in fernen Ländern dazu, alles im Bild festhalten zu wollen. Wenn mit unserem „abgespeicherten fotografischen Gedächtnis" aber die Privatsphäre der Gastgeber verletzt wird, ist eine Grenze überschritten. Daher sollte generell immer nachgefragt werden, ob die Bewohner der jeweiligen Gastländer fotografiert werden wollen. In den meisten afrikanischen Staaten ist es zudem untersagt, militärische Einrichtungen, öffentliche Gebäude oder Flughäfen zu fotografieren.

Besondere Achtung wird älteren Menschen entgegengebracht. Das liegt wohl auch an der geringen Lebenserwartung. Im Durchschnitt werden Frauen 55 und Männer 53 Jahre alt. Daraus ergibt sich auch, dass ältere Menschen immer zuerst gegrüßt werden

Natürlich gelten in Afrika auch andere Normen im Umgang mit der Zeit. Ein afrikanisches Sprichwort besagt: „Die Europäer haben die Uhren, wir haben die Zeit." Unsere Pünktlichkeit ist also in Afrika nicht der Maßstab, wird aber von uns erwartet.

Beim Einkauf von Souvenirs ist Vorsicht geboten. So ist die Ausfuhr von Elfenbein, Tierfellen, Korallen usw. verboten und steht unter Strafe. Übrigens sollte man sich auch mit den Zollbestimmungen für die Einfuhr nach Deutschland beschäftigen, um böse Überraschungen bei der Rückkehr zu vermeiden.

Südafrika

Die Fußballfans erinnern sich sicher gut an die Fußballweltmeisterschaft 2010 und den ohrenbetäubenden Lärm der Vuvuzelas in südafrikanischen Stadien. Südafrika hat weit mehr zu bieten! Neben den landschaftlichen Sehenswürdigkeiten und den Nationalparks ist vor allem die Gastfreundschaft der Südafrikaner zu nennen. Sie begegnen ihren Gästen freundlich und aufgeschlossen. In den Großstädten wirken durchaus europäische Einflüsse und Gepflogenheiten. In den ländlich geprägten Regionen im Landesinnern herrschen jedoch die jeweiligen Stammessitten.

Für die Begrüßung ist Zurückhaltung angebracht. In Südafrika leben viele Volksgruppen, die durchaus unterschiedliche Begrüßungsrituale pflegen. Auch unter Weißen ist das Händeschütteln nicht unbedingt Standard, findet aber immer mehr Verbreitung, vor allem wenn es um geschäftliche Kontakte geht.

Bei Einladungen wird Pünktlichkeit erwartet und ein kleines Gastgeschenk. Pralinen und eine Flasche Wein sind willkommen, auf größere (teurere) Mitbringsel sollte verzichtet werden.

Die Hauptmahlzeit ist das abendliche Dinner. In Restaurants sollte dazu immer vorbestellt werden. Die Plätze in den Restaurants werden von den Servicekräften zugewiesen. Die Kellner leben zumeist ausschließlich vom Trinkgeld, daher sind 10 Prozent des Rechnungsbetrages obligatorisch und werden in jedem Falle in bar übergeben.

Südafrikaner mögen es nicht, wenn mit dem Zeigefinger auf Menschen gedeutet wird oder in einem Gespräch die Hände in den Hosentaschen verschwinden.

Es wird nicht gern gesehen, wenn zugereiste Ausländer bettelnden Kindern Geld zustecken. Das könnte zu einer Bettlerkarriere führen – so die Befürchtung. Die Townships bitte grundsätzlich nur im Rahmen geführter Touren besichtigen.

In Südafrika gibt es elf verschiedene Landessprachen, aber Englisch wird von allen verstanden. Beliebte Themen sind Sport und die landschaftlichen Schönheiten. Es gibt aber auch Themen, auf die man besser verzichten sollte. Dazu gehören Politik im Allgemeinen und die Apartheid im Besonderen. Auch Aids sollte keinen Unterhaltungsstoff bieten. Und grundsätzlich stößt ein belehrendes Verhalten von Ausländern auf Ablehnung.

Namibia

Dieser afrikanische Staat ist stark europäisch geprägt, vielerorts sind noch deutsche Einflüsse spürbar. Es erscheint sogar noch eine deutschsprachige Zeitung. Dennoch bleibt Namibia ein afrikanisches Land, in dem verschiedene Ethnien beheimatet sind.

Zur Begrüßung reicht man sich die Hand. Bei Einladungen gelten die gleichen Regeln wie bei uns auch. Dazu gehört nicht nur Pünktlichkeit, sondern ebenso ein kleines Gastgeschenk.

Auch über die Kleidung muss man sich nicht lange den Kopf zerbrechen – die Anforderungen ähneln unseren. Allerdings sollte in Namibia nicht allzu viel nackte Haut gezeigt werden.

Das Speisenangebot ist sehr breit gefächert: Neben europäischen Speisen werden auch typisch afrikanische Speisen angeboten. Trinkgelder (ca. 10 Prozent) werden gern genommen.

Jeder weiß, dass es in Afrika wilde Tiere gibt. Da ist Vorsicht geboten. Auf Safari-Touren durch die Nationalparks des Landes (Etosha und Caprivi) ist das Aussteigen grundsätzlich verboten. Jeder Tourist ist wohl gut beraten, sich an diese Vorgabe zu halten!

Kamerun

In Kamerun ist die wechselvolle Geschichte mit ganz unterschiedlichen europäischen Einflüssen spürbar. So leben hier meist Christen, aber auch Muslime. Als Amtssprache gelten Englisch und Französisch.

Immer sind die jeweiligen Sitten und Gebräuche der Gastgeber zu respektieren. So dürfen die steinernen Gebetszirkel nicht betreten werden.

Zur Begrüßung gibt man sich zumeist die Hand. Die linke Hand gilt als „unrein" und sollte daher nie zum Einsatz kommen.

Auf den Speisekarten finden sich neben einheimischen Spezialitäten auch Einflüsse der französischen Küche. Trinkgelder sind in Restaurants im Preis enthalten. Aber anderes Servicepersonal, wie im Hotel, nimmt sie gern an.

Kenia

Dieses Land hat erst 1963 seine Unabhängigkeit erhalten, davor stand es unter britischer Herrschaft. So sind die britischen Einflüsse heute auch im Alltagsleben noch spürbar.

Im Land leben neben Christen auch Muslime, die teilweise fundamentalistische Auffassungen vertreten. Die unterschiedlichen Religionen machen auch die Begrüßung nicht ganz einfach. Da kann ein Handschlag die richtige Wahl sein, manchmal reicht auch ein freundliches Nicken.

Kenianer gelten als sehr gastfreundlich, die ihren Gästen immer ein reichhaltiges Speisenangebot vorsetzen. Vom Gast wird erwartet, dass er zumindest von allem probiert. Private Einladungen gelten in der Regel nur für Männer. Ob die dazugehörige Frau auch eingeladen ist, sollte erfragt werden.

In den Restaurants des Landes ist immer noch der britische Einfluss spürbar, das gilt auch für die Küche. Die Kenianer lieben sehr scharfe Speisen. Ausländischen Gästen werden dazu auch alkoholische Getränke angeboten. Den Kenianern ist der Alkoholgenuss aber weitestgehend verboten, erst recht in der Öffentlichkeit. Sich in der Öffentlichkeit die Nase zu putzen, ist ausgesprochen unschicklich. Das Servicepersonal freut sich nach einem Restaurantbesuch über ein Trinkgeld.

Die Kleidung ist eher leger. Allerdings wird bei offiziellen Anlässen auch ein entsprechendes Outfit erwartet. Damen sollten die Arme bedecken und der Rock sollte auch das Knie verdecken. FKK und „oben ohne" sind grundsätzlich verboten und das geltende Gesetz wird auch hart durchgesetzt. Besser ist es hier, auf Experimente zu verzichten.

Waffenbesitz ist in Kenia untersagt. Das gilt nicht nur für Schusswaffen, sondern auch für Waffen, die sich hierzulande zu Zwecken des Eigenschutzes und der Selbstverteidigung in der Handtasche befinden können.

Nigeria

In Nigeria leben Angehörige der christlichen und islamischen Religion nebeneinander. Diese beiden Religionen haben auch die Sitten und Gebräuche des Landes geprägt, was den Umgang mit Benimmregeln nicht unbedingt vereinfacht. Dazu kommen noch Stammesreligionen, die ihre eigenen Traditionen pflegen. Das alles kann an die Verhaltensweisen ganz unterschiedliche Anforderungen stellen.

Die Begrüßung erfolgt per Handschlag, es gibt aber auch Regionen, in denen eine Umarmung die Regel ist. In anderen Regionen wiederum wird auf körperliche Kontakte – egal in welcher Form – völlig verzichtet: Hier reicht eine angedeutete Verbeugung.

Die Kleidung darf auch eher leger sein. Bei offiziellen Anlässen wird aber entsprechende Kleidung erwartet. In den islamisch geprägten Landesteilen sollte man sich nicht zu freizügig kleiden. Völlig unüblich ist es, wenn Damen Hosen tragen.

Trinkgelder werden im Allgemeinen gern genommen.

Ghana

Auch in Ghana ist die langandauernde britische Vorherrschaft aus der Kolonialzeit noch spürbar. Die Amtssprache ist Englisch. In Ghana existieren wie in den meisten afrikanischen Ländern verschiedene Religionen. Neben den Christen und den Muslimen sind es vor allem Naturreligionen, die das Leben der Menschen beeinflussen.

Die Kleidung ist den jeweiligen Situationen anzupassen. Damen sollten immer die Schultern und die Knie bedeckt halten.

Trinkgeld ist Pflicht! Für alle in Anspruch genommenen Dienstleistungen sollte auch ein Trinkgeld gegeben werden, aber nie mit der linken Hand, denn die gilt auch hier als unrein.

Die landestypischen Gerichte sind scharf, dazu wird oft noch Pfeffersauce gereicht. Vielfach wird mit den Fingern gegessen, natürlich nie mit den Fingern der linken Hand.

Zur Begrüßung und zum Abschied wird mit den Fingern geschnippt.

Marokko

Marokko liegt Europa nicht nur geografisch nahe. Die ehemaligen Kolonialmächte Frankreich und Spanien haben das Land geprägt, was auch heute noch spürbar ist, und das obwohl es sich um ein islamisch geprägtes Land handelt.

Zur Begrüßung ist der Handschlag meist richtig. Allerdings gilt die islamische Regel, nach der Männer und Frauen Abstand voneinander halten müssen. Frauen sind daher zurückhaltend mit einem Kopfnicken zu begrüßen.

Bei Einladungen sollten keine alkoholischen Getränke oder frische Blumen mitgebracht werden. In Marokko sind eher Pralinen eine gute Wahl. Angebotene Speisen abzulehnen kommt einer Beleidigung gleich. Privatwohnungen werden ohne

Schuhe betreten. Die Kleidung darf leger sein, aber nicht allzu viel nackte Haut sehen lassen. Zu offiziellen Anlässen wird auch entsprechende Kleidung erwartet. Sehr freizügiges Baden ist zudem verboten.

Trinkgelder werden gern angenommen. Sie können auch in scheinbar ausweglosen Situationen helfen.

Asien

Bevor eine Reise nach Asien angetreten werden soll, empfiehlt es sich, Informationen über die historischen Hintergründe der jeweiligen Reiseziele einzuholen. Viele asiatische Länder standen in der Kolonialzeit unter europäischer Herrschaft. Das beeinflusst auch die Umgangsregeln bis in die Gegenwart.

In anderen buddhistisch oder taoistisch geprägten Kulturen gelten religiöse Gesetze und für uns ungewohnte Eigenheiten.

Diese geheimnisvolle Wirkung mag auch daran liegen, dass es eine grobe Unhöflichkeit ist, Gefühle zu zeigen, denn das Gesicht sollte immer gewahrt bleiben. Asiaten sind fast übersteigert **Asiaten gelten als geheimnisvoll.** höflich, was für uns nur schwer nachvollziehbar ist. Es ist daher empfehlenswert, ausgesprochen zurückhaltend aufzutreten.

Lernen Sie mit Stäbchen zu essen, Sie signalisieren damit Ihren Respekt und zumindest das Bemühen, sich auf eine fremde Kultur einzustellen.

Fotografieren Sie nicht fremde Menschen, ohne deren Erlaubnis eingeholt zu haben. Ältere Menschen glauben immer noch, dass durch den Druck auf den Auslöser ihre Seele in der Kamera verschwindet.

In Asien tragen viele Bewohner typische Landestracht als Zeichen ihrer Zugehörigkeit zu einer Volksgruppe. Zugereiste sollten sich daher nie in traditioneller landestypischer Kleidung zeigen – damit demonstrieren sie nur mangelnde Sensibilität.

Hierzulande gilt lautes Lachen als Zeichen der Lebensfreude. In Asien gilt es als unanständig, ebenso wie das „Zähne zeigen". Daher besser eine Hand vor den Mund halten.

China

Hier begrüßt man sich mit Handschlag oder auch nur durch ein leichtes Kopfnicken. Damen werden – anders als bei uns – nicht zuerst begrüßt. Chinesen sind sehr pünktlich und erwarten das natürlich auch von den Gästen.

Kleidung wird sehr wichtig genommen, auch bei großer Hitze werden Anzug und Krawatte getragen. In der Öffentlichkeit werden keine Zärtlichkeiten ausgetauscht.

In China wird mit Stäbchen gegessen. Es ist allerdings ein großer Fauxpas, die Stäbchen beim Essen senkrecht in eine Reisschale zu stecken. Mit dieser Geste werden die Toten mit einer Opfergabe geehrt.

Indien

Indien ist groß und vereint viele Kulturen. Normalerweise begrüßt man sich mit Kopfnicken. Inder, die den Umgang mit Fremden gewohnt sind, reichen zur Begrüßung auch die Hand. Die Businesskleidung ist zwar dem Klima angepasst, aber immer noch konservativ.

Pünktlichkeit ist in Indien ein Fremdwort – das muss man akzeptieren. Ein Dinner kann in Indien sehr lange dauern. Es beginnt oft erst um 21.00 Uhr und dauert dann bis weit nach Mitternacht. Speisen bitte nie mit der linken Hand berühren, denn sie gilt als unrein.

Japan

Es ist üblich, sich zur Begrüßung zu verbeugen. Als Fremder sollten Sie es allerdings gar nicht erst versuchen, denn die Rituale sind sehr kompliziert. Halten Sie sich lieber an den Handschlag. Pünktlichkeit ist eine große Tugend, die auch von Fremden erwartet wird. Bei Verspätungen wird eine Entschuldigung fällig.

Als Businesskleidung wird nur ein dunkler Anzug mit hellem, einfarbigem Hemd wirklich ernst genommen.

Japaner sagen nur ungern deutlich „Nein". Auch das „Ja" signalisiert nicht immer Zustimmung.

Gegessen wird mit Stäbchen. Eine Suppe isst man nicht wie bei uns als Vorspeise, sie kann das gesamte Essen begleiten. Man schenkt sich bei Tisch übrigens nicht selbst ein. Jeder Tischnachbar sorgt dafür, dass das Glas des anderen immer voll ist. Grüner Tee und Eiswasser werden in Lokalen kostenlos angeboten. Und beim Betreten eines Privathauses werden die Schuhe ausgezogen.

Trinkgeld ist absolut unüblich.

Thailand

Hier gelten im Wesentlichen die gleichen Regeln wie in anderen asiatischen Ländern auch. Aber es gibt auch Besonderheiten. Wer zu Tisch sitzt und sich schnäuzen muss, steht besser auf und verlässt den Raum. Derartige Geräusche gelten als ausgesprochen unfein.

Thailändische Kinder sollten nie am Kopf berührt werden. Dort sitzt ihre Seele, die unter keinen Umständen angefasst werden darf. Der Fuß dagegen ist der unreinste Körperteil. Vermeiden Sie es daher, beim Sitzen den Fuß auf eine andere Person, auf ein Heiligtum oder einen sakralen Gegenstand zu richten. Beim Betreten eines Privathauses werden die Schuhe ausgezogen und auf keinen Fall wird auf die Schwelle getreten, denn in ihr wohnen die guten Hausgeister.

Südamerika

Historisch bedingt gibt es hier viele Gemeinsamkeiten, aber auch nationale Unterschiede. Fremde werden mit Handschlag begrüßt. Pünktlichkeit ist weniger gefragt, 30 Minuten Verspätung sind die Regel.

Mit Ausnahme Brasiliens legt man in Südamerika sehr viel Wert auf Kleidung. Bei Tisch gelten die gleichen Sitten wie bei uns auch, allerdings werden die Mahlzeiten später als bei uns eingenommen. Essen ist Genuss und dauert entsprechend lange. Nach dem Mittagessen wird eine Pause eingelegt, in dieser „Siesta" ruhen die Geschäfte.

Mexiko

In Mexiko erregt derjenige Misstrauen, der in einer Gesellschaft schweigt. Wer viel und laut redet, gilt als ausgesprochen gesellig. In der Öffentlichkeit, besonders in Cafés und Restaurants, sind Hosen für Damen noch immer unschicklich.

Und einem Glauben zufolge bringt es Unglück, wenn der Salzstreuer bei Tisch von Hand zu Hand weitergegeben wird.

Kanada

Kanada ist in vielen Dingen des täglichen Miteinanders sehr europäisch geblieben. Pünktlichkeit ist selbstverständlich und Höflichkeit wird sehr geschätzt.

USA

Die demonstrierte Lockerheit darf nicht darüber hinwegtäuschen, dass die Regeln oft viel strenger sind als hierzulande. Die erste Begrüßung erfolgt per Handschlag, später fällt das Händeschütteln dann weg.

Man spricht sich schnell mit dem Vornamen an, bleibt aber beim „Sie". Die Anrede „Doktor" gilt nur für Mediziner und Hochschullehrer. Pünktlichkeit ist in den USA eine Selbstverständlichkeit. Zum allgemeinen Umgang gehören das Lächeln und ein paar Höflichkeitsfloskeln, niemand nimmt das so recht ernst. Die Kunst des Small Talks ist in den USA weit verbreitet und sehr unverbindlich.

Im Restaurant hat die Dame – anders als bei uns – immer den Vortritt. Wer sich auf eigene Faust einen Platz sucht, wird leicht übersehen und gar nicht bedient. Nach dem Essen wird zumeist schnell abgeräumt und die Rechnung gebracht. Langes Herumsitzen ist unüblich. Das Trinkgeld sollte üppig (ca. 15 Prozent) ausfallen, es ist Bestandteil des Gehalts. Gegessen wird auch anders als bei uns üblich: Zuerst wird das Fleisch mit dem Messer in der rechten Hand geschnitten. Dann wird das Messer aus der Hand gelegt, gegessen wird mit der Gabel in der rechten Hand. Die linke Hand ruht währenddessen auf dem Schoß. Die Serviette wird auf dem Stuhl abgelegt, wenn Sie den Tisch verlassen. Und im Taxi sitzt man immer hinten.

Kirchen, Tempel und Moscheen besuchen

Als kultivierter Mensch und ganz besonders als Gast eines fremden Landes werden Sie die religiösen Feiertage und Heiligtümer achten. Weder durch die Kleidung noch durch das Verhalten sollten die religiösen Gefühle der jeweiligen Gastgeber verletzt werden. Das gilt im eigenen Land und erst recht im Ausland, auch wenn uns manches fremd und ungewohnt vorkommt.

Gotteshäuser – egal für welchen Gott – sind Orte der Andacht und Stille. Hier sind lautstarke Gespräche zu vermeiden. Wer als Tourist eine religiöse Stätte betritt, um sie zu besichtigen, muss immer auch damit rechnen, dass Einheimische ihren Gottesdienst feiern.

In Kirchen

In christlichen Kirchen gibt es keine spezielle Kleiderordnung oder festgelegte Rituale. Wohl aber stellt der Ort besondere Anforderungen an das Verhalten, z. B. bei der Gesprächslautstärke und beim Bewegungstempo. In Kirchen ruft man sich nicht und man rennt nicht durch den Raum. Auch Klingeltöne wirken sehr störend und das Handy sollte grundsätzlich ausgeschaltet werden. Es versteht sich von selbst, dass in Kirchen auch nicht gegessen wird.

Gotteshäuser nur angemessen bekleidet betreten.

Wer sich in eine Kirchenbank setzen möchte, kann das natürlich tun. Muss der Besucher an bereits sitzenden Menschen vorbeigehen, gilt hier (im Unterschied zum Theater), den Sitzenden den Rücken zuzukehren. Der Blick in einer Kirche ist immer auf den Altar gerichtet.

In Moscheen

Besondere Vorschriften und der Respekt vor einer fremden Religion gebieten es, sich entsprechend zu verhalten. Grundsätzlich wird eine Moschee weitestgehend bedeckt betreten. Damen wie

Herren zeigen keine nackten Beine und Arme. Die Damen verhüllen zudem auch noch ihr Haar.

Vor der Moschee werden die Schuhe ausgezogen. Sie werden in den Vorräumen oder im Eingang aufbewahrt. Das gilt für Damen und Herren gleichermaßen. Wer seine Schuhe mitnehmen möchte, kann das tun. Aber sie sind dann so zu tragen, dass die Schuhsohlen nicht sichtbar sind, also Sohle an Sohle.

In Moscheen darf man sich frei bewegen und alles anfassen. Allerdings gibt es zwei Einschränkungen: Der Koran, die heilige Schrift, darf nicht achtlos berührt werden, und beim Beten der Gläubigen sollte man nicht vor ihnen entlanggehen.

In Tempeln

Auch für buddhistische Tempel gelten ähnliche Regeln. Gotteshäuser werden nicht im Strandoutfit betreten! Das beleidigt jeden Betenden. Bitte nicht vergessen, dass das, was für uns eine touristische Attraktion darstellt, für die Einheimischen ein Ort ihres Glaubens und ihrer Religionsausübung ist.

Wer hier unbedingt fotografieren möchte, sollte vorher einen buddhistischen Mönch um Erlaubnis bitten. Auch das zeugt von Respekt vor einer fremden Kultur.

Check-up: So geht's!

- Reisen gut informiert antreten
- Auf andere Urlauber Rücksicht nehmen
- Freundlichkeit gegenüber den Service- und Hotel-mitarbeitern
- Die jeweiligen Kleidungshinweise beachten
- Ruhezeiten einhalten
- Rücksichtsvoll und umsichtig parken
- Die Gastfreundschaft anderer Länder wertschätzen
- Fremde Lebensumstände, Kulturen und Religionen respektieren

Check-up: Und so bitte nie wieder!

- Im Zug und im Flieger mehr Platz beanspruchen als nötig
- Drängeln am Büfett
- Sonnenliegen mit Handtüchern reservieren
- Nackte Männerbeine beim Shopping oder in Restaurants
- Das Auto als Waffe einsetzen
- Andere Verkehrsteilnehmer beschimpfen
- Als Mann „Frauenparkplätze" benutzen
- Kommentare des Beifahrers zum Fahrstil des Fahrers
- Fremde Kulturen geringschätzen

Ist kulturelles Verhalten lernbar?

Wie bereits anfangs gesagt: „Andere Länder – andere Sitten". Dabei begegnen wir immer öfter direkt vor unserer Haustür Menschen aus fremden Kulturen und mit anderen religiösen Grundsätzen in Beruf und Alltag. Damit das Zusammenleben und -arbeiten auch reibungslos klappen, ist es sinnvoll, sich mit den kulturellen Gepflogenheiten vertraut zu machen – egal, ob Sie sich dabei in einem Auslandsurlaub befinden, Sie eine Geschäftsreise ins Ausland führt oder vor Ort auf Menschen aus anderen Kulturkreisen treffen. Kulturelles Verhalten bedeutet hier nichts anderes als kultursensibler Umgang mit Mitmenschen.

Expertinnen-Interview

Für dieses Interview konnte Frau Dr. Béatrice Hecht-El Minshawi gewonnen werden. Sie ist Geschäftsführerin von „interkultur" in Bremen und seit über 35 Jahren Coach sowie Trainerin für interkulturelle Beziehungen. Ihre Arbeit führt sie rund um den Globus und sie fühlt sich sowohl in der arabisch-islamischen Welt als auch in Indien und Vietnam, in Australien oder in den USA zu Hause. Zudem publiziert sie erfolgreich zu Themen wie

Diversity Management, interkulturelle Kompetenz und länderspezifisches Business Know-how. Näheres erfahren Sie unter www.interkultur.info.

Ist kulturelles Verhalten lernbar?
Béatrice Hecht-El Minshawi: Umgangsformen sind erlernbar, aber nicht, in dem wir uns kognitiv mit Listen von *dos & don'ts* beschäftigen, sondern uns auch emotional mit unserer kulturellen Prägung und der der anderen auseinandersetzen. So ein Lernprozess muss gefühlt werden. Wenn wir den Wunsch nach einem kuluradäquaten Verhalten haben, können wir vieles lernen, denn wie schon Johann Wolfgang von Goethe sagte: „Unsere Wünsche sind die Vorboten der Fähigkeiten, die in uns liegen."

Andere Länder – andere Sitten: Ist das in Ihren Augen ein Allgemeinplatz oder verbirgt sich dahinter explosives Potenzial?
Béatrice Hecht-El Minshawi: Sowohl als auch. Nicht in jedem Land ist zu jeder Situation das Verhalten anders als bei uns. Und was heißt „bei uns"? Gibt es nicht auch hier mitunter große Unterschiede in den Wertvorstellungen und daraus resultierenden kulturellen Verhaltensweisen zwischen Ost und West oder protestantischen und katholischen Gegenden? In Bayern und Hessen, so habe ich gehört, gibt es die größte Vielfalt an Wurstspezialitäten. In Bayern isst man gerne Kümmelbrot, das man im Norden weniger kennt. Im Rheinland, wo sich vor mehreren Generationen polnische Arbeiter mit ihren Familien angesiedelt haben, gibt es sozusagen rheinländische Spezialitäten mit polnischen Wurzeln. Auch die Hugenotten haben ihre derbe französische Kost mitgebracht. Und überall an den Grenzen werden die Rezepte von hüben und drüben genutzt und kreativ mit-

einander vermischt. Was ich ausdrücken möchte, ist, dass wir in Deutschland seit hunderten von Jahren eine Kulturenvielfalt haben, die uns so selbstverständlich ist, dass es den meisten nicht mehr auffällt. Wir haben verschiedene Regionen mit ihren spezifischen Landschaften und ethnischen Völkern mit ihren unterschiedlichen Sprachen, Festtagen, Speisen und Ritualen. Wir sind, genau genommen, sehr vielfältig.

Eigentlich sollten wir gelernt haben, mit Kulturenvielfalt umzugehen. Warum ist das aber bei uns oft ein Problem? Wir haben durch die beiden Weltkriege mit langfristigen Traumata zu tun, die Unsicherheiten auf verschiedenen Ebenen hinterlassen haben. Diese Irritationen sind nach wie vor zu spüren. Zum Beispiel gehören wir in der Europäischen Union zu der Gruppe, die die meisten Gesetze und die meisten Versicherungsabschlüsse hat. Das sagt etwas über unser Bedürfnis nach Sicherheit aus. Und wenn wir Geschäftspartner in anderen Ländern treffen, sind häufig die Deutschen diejenigen, die das Meeting so vorbereiten und strukturieren, dass ihnen keine Unsicherheit das Ganze aus den Händen zerrinnen lässt. Das ist kulturelles Verhalten.

Kulturelles Verhalten erschließt sich nicht nur durch die Nationalität und Volksgruppe, sondern auch aufgrund der Tatsache, Frau oder Mann zu sein, alt oder jung, oder aufgrund der Generation und Schicht, in der wir leben. Auch aus der Berufsgruppe und dem gesellschaftlichen Status usw. Jetzt, nachdem ich längst über 60 bin und in die Restdreißiger meines Lebens blicke, sieht die Welt ganz anders aus als damals, als ich als 20-Jährige zum Arbeiten nach Vietnam gegangen bin oder als 40-Jährige einen wahnsinnigen *speed* in mein Berufsleben an den Tag gelegt habe. Das hat sich alles verändert.

Wir sprechen oft von anderen Ländern – anderen Sitten und meinen die Nationalkultur. Man kann auch sagen: andere Volksgruppen (Schwaben, Bayern, Hessen etc.) – andere Sitten oder anderes Geschlecht – andere Sitten, andere Generation – andere Sitten und jedenfalls andere Religionen – andere Sitten usw. Und hinter dem jeweiligen Anderssein kann sich natürlich ein explosives Potenzial verbergen.

Manchmal merke ich, dass Goethe recht hatte mit seinem „Gleich und gleich gesellt sich gern …", wenn ich z. B. in Indien mit Frauen meines Alters trotz verschiedener Nationalitäten- und Ethnienkultur auch in der Fremdsprache *just easy* kommunizieren kann. Manchmal kann ich mit arabischen Männern leichter umgehen als mit deutschen. Vielleicht spielt dabei der zweite Teil des goethischen Satzes „… Gegensätze zieh'n sich an" doch die Rolle.

Allerdings sollten wir stets davon ausgehen, dass sich natürlich nicht alle Menschen etwa in Deutschland gleich verhalten. Wir alle sind Individuen und nur in mancherlei Hinsicht ähnlich zu unseren deutschen Nachbarn.

Wir leben mitten in Europa und das europäische Ausland scheint sich nicht auf den ersten Blick vom deutschsprachigen Raum großartig zu unterscheiden. Trügt dieser erste Blick? Welche Besonderheiten sind trotz einer gewissen kulturellen Nähe zu beachten?

Béatrice Hecht-El Minshawi: Das ist relativ, allein wenn wir die Vielfalt der Sprachen betrachten, die immer eigene Kulturen vertreten. In Europa werden mehr als 200 Sprachen gesprochen, die sehr unterschiedlichen Sprachfamilien angehören. Das allein ist ein Beleg für unsere kulturelle Vielfalt. In der Europäischen Union allein gibt es 23 offizielle Amtssprachen und mehr als 100 Minderheitensprachen. Doch im Zuge des Warenaustausches – überall gibt es Aldi und Lidl mit den gleichen Produkten – und der Anglisierung erscheint uns Europa ähnlich geworden. Das ist beim genauen Hinsehen aber ein Trugschluss. Warum haben wohl z. B. die deutschen Airbus-Mitarbeiter/innen mit den französischen so viele Probleme? Oder die französischen Chefs von EADS Astrium mit den deutschen, spanischen oder britischen Mitarbeitern? Oder wie hoch ging es damals mit Daimler und Chrysler her? Das ist nicht nur eine Frage des besseren oder schlechteren Englischstandards, sondern der gesamten kulturellen Prägung, die die Menschen und die Organisationen, in denen sie leben, mitbringen. Sie haben nun mal ein unterschiedliches Verständnis an betriebliche Abläufe oder von Hierarchie und Leitung. Oder davon, wann man jemanden einlädt und wann man den *job talk* beginnt.

Europa ist zumindest so groß, dass es, wenn schon Deutschland so viele Kulturen aufweist, insgesamt natürlich ein sehr großes, buntes Puzzle abbildet, in dem es viele unterschiedliche Formen und Farben gibt. Allein die Frage, die ich europäischen Studierenden oft stelle: „Was bedeutet Höflichkeit in ihrem Land?", zeigt radikale Unterschiede. Während es in den Mittelschichten der osteuropäischen Länder als absolut höflich gilt, dass Männer den Frauen die Tür öffnen und den Mantel abnehmen oder wieder reichen, ist dieses Verhalten in Westeuropa inzwischen recht verkümmert. Das zumindest bemerken die Studierenden aus dem Osten und bewerten es als unhöflich. Nordeuropäische Studierende bewerten dieses Verhalten zwischen den Geschlechtern als unmodern. Haben sich doch die Skandinavier/innen in den letzten 30 Jahren sehr um Equality bemüht, eben dass den Frauen (allen Menschen) gleiche Rechte zustehen. Das hat im kulturellen Verhalten miteinander nun mal zur Folge, dass alle alles machen können (sollten), oder auch, dass alle alles machen müssen. Und während man in diversen Regionen Südeuropas noch sehen kann, dass zumindest die Mehrheit der jungen Menschen den Älteren oder schwangeren Frauen in den Bussen und Straßenbahnen Platz anbietet, ist es bei uns in Deutschland sehr selten geworden.

Viele osteuropäische Studierende (oder auch Menschen aus Asien, Arabien, Afrika und Lateinamerika) bezeichnen den Umgang, den wir zwischen Frauen und Männern und alten und jungen Leuten hegen, als unhöflich. „Das soll modern sein?", fragte mich kürzlich eine Polin. So ein Verhalten will die Mehrheit der Welt von uns nicht lernen.

Immer öfter ist die Rede davon, dass die Welt zu einem globalen Dorf wird. Trotz aller (vermeintlichen) Globalisierungserfolge passieren auf dieser Reise rund um den Globus immer wieder schwerwiegende Fehler, die zu Missverständnissen und Misserfolgen führen. Welche Fehler können dafür verantwortlich gemacht und wie können Sie vermieden werden? Und wenn – sprichwörtlich gesehen – das Kind mal wirklich in den Brunnen gefallen ist, wie kann dann dieses Problem am besten gelöst werden?

Béatrice Hecht-El Minshawi: Erstens versuche ich, die Welt manchmal von außen zu betrachten und nach den wissenschaftlichen Ergebnissen der Kulturforscher/innen einzuschätzen.

Dabei ist auffallend, dass man fast überall europäische Kulturen erkennen kann. Ich glaube, kein Kontinent hat bisher derart aggressiv dafür gesorgt, die eigenen Kulturen zu verbreiten.

Denken Sie an die vielen Kolonialmächte, die sich in allen Kontinenten Platz gemacht haben. Immer hatten sowohl die Spanier, Portugiesen als auch die Briten, Franzosen und Deutschen das Bestreben, ihre Kultur, also jene Normen und Werte, die ihnen wichtig waren, ins neue Land zu tragen und den Menschen dort aufzuzwingen. In vielen Regionen hat das großes Leid hervorgebracht und die traditionelle Kultur zerstört. Doch die Spuren der Kolonisierung machen heute oft noch genau den Reiz aus, warum wir gerne in bestimmte Länder reisen. Da sieht man den Charme des französischen Baustils in Hanoi oder im indischen Pondichéry, britische Prachtbauten und Denkmäler in ganz Indien, und wir denken, das sei indisch. Oder was haben die Spanier in Lateinamerika zurückgelassen: ihre Sprache und riesige Festungen, die von ihrer Herrschaft künden sollten. In Windhœk, in Namibia, sind noch heute deutsche Back- und Wurstwaren zu kaufen. Und in die Kirchen gehen christianisierte Afrikaner.

Zweitens möchte ich über das sogenannte *global village* sprechen. Immer wieder höre ich von jungen Mitarbeiterinnen und Mitarbeitern hiesiger Firmen, dass sich die Kulturen der Länder angleichen würden. „Was Anstand ist, weiß man doch überall auf der Welt", behauptete kürzlich ein Ingenieur, der sich nach Arabien aufmachte. Und er meinte *sein* Verständnis von Anstand und wenn er sich anständig verhalten würde, wäre er überall auf der sicheren Seite. So einfach ist es eben nicht, denn Anstand kann woanders etwas anderes bedeuten. Diese Art einer gewissen Europäisierung, die sich um die Welt spannt, wird von jenen vorangetrieben, die sich einerseits wenig Gedanken um andere Völker und deren Lebenssituation machen und andererseits davon ausgehen, dass unser Weg der richtige sei. „Das hat sich nun mal bewiesen", höre ich oft. Ja, auch eine dominierende Amerikanisierung hat sich längst verbreitet – eine amerikanische Kultur mit deutlich europäischen Wurzeln. Und jetzt kommt die aggressive Chinesisierung dazu. Die ist uns nun wirklich fremd. Sie beginnt das *global village* zu umspannen und nutzt es unbarmherzig für eigene Interessen. Aber das haben die anderen vorher auch getan.

Solche flächendeckenden Systeme verständigen sich über einen Verhaltenscodex, und das bedeutet, dass Einzelne meinen, sich keine Gedanken mehr machen zu müssen, was z. B. in anderen Kulturräumen anders ist. Viele sind nicht nur kulturunwissend, sondern sogar auch unsensibel. Wir können das beobachten, wenn z. B. das amerikanische Militär aus haarsträubenden Motiven Kriege vom Zaune bricht. Oder wenn Konzerne „die Chinesen" auf ihre risk list setzen, weil sie Angst haben, das technische Know-how könnte kopiert werden, beziehungsweise auch „die Araber", egal aus welchem Land, misstrauisch beäugt werden, als seien sie die Brüder von Osama bin Laden. Unsere Unwissenheit führt zu Ängsten und die sind oft die Basis für allgemeine Bewertungen und für Vorurteile.

Vielfach hat sich ein, wie ich es nenne, oberflächliches Kulturverhalten ausgeprägt. Man ist schnell von A nach B geflogen, hat sich, von mir aus wiederholt, zwei Tage in einem Hotel einer

Kette (europäische oder amerikanische Kultur) in der Metropole aufgehalten und behauptet: „Ich kenne Indien!" Und ein anderer kennt Arabien usw. Es ist schon interessant, was wir alles von der Welt kennen! Natürlich kennen viele wirklich vieles, aber eben nicht alle Reisende das Land oder die Stadt, in der sie waren. Ich kenne viele *business people*, die vom Flughafen mit einem Taxi ins Hotel fahren, dann zum Treffpunkt der Geschäftspartner abgeholt werden, von dort aus wieder ins Hotel zum Essen und dann zum Flughafen fahren. Mehr kennen sie nicht. Manche sind sogar scheu oder unsicher, vor dem Hotel die Straße rauf und runter zu gehen, geschweige denn sich innerhalb des Ortes die Sehenswürdigkeiten anzugucken. Wen wundert es dann, wenn in Gesprächen vor Ort in Abu Dhabi oder Bengaluru, in Tokio oder Shanghai kein kultursensibles Gefühl aufkommt. Wie kann man dann ein ernst zu nehmender Geschäftspartner für die Menschen dort sein, wenn man so wenig über sie weiß?

Umso wichtiger sind interkulturelle Seminare und Coachings, in denen die Teilnehmenden nicht nur im Voraus einer Reise auf eine Kulturregion vorbereitet werden und andere auch ihre Erfahrungen aufarbeiten können, die sie auf ihren Reisen gemacht haben. Es gibt nämlich doch eine Reihe von Führungskräften und Fachpersonal, die gemerkt haben, dass ihnen unterwegs etwas nicht gut gelungen ist. Manchmal ist ihnen sogar ein gravierender Fehler aufgefallen. Wie mich z. B. kürzlich jemand fragte: „Warum antworten die Vietnamesen nicht? Ich habe wiederholt sehr konkret und kurz und bündig geschrieben, was wir von ihnen erwarten." Vielleicht lag es genau an dem Stil, dass das Mail zu konkret, kurz und bündig formuliert und die Erwartungen zu direkt genannt wurden.

Wenn man erkennt, dass z. B. die Kommunikation stockt und blockiert ist, macht es Sinn, sich von Angesicht zu Angesicht und in explizit genannter Vertrautheit darüber zu unterhalten. „Ich bin zu ihnen gekommen, weil ich im Vertrauen zu ihnen herausfinden möchte, wie unterschiedlich wir an die Aufgaben und Abläufe herangehen. Wie machen Sie das?" Und so weiter. Das kostet zwar vielleicht eine Extrareise, hat aber meistens zum großen Erfolg beigetragen. Oftmals wird daraus: *„He is my German friend!"*

Sie selbst haben viele Länder bereist und ganz unterschiedliche Kulturen kennen gelernt. Was hat Sie persönlich immer wieder an die Gemeinsamkeiten und Unterschiede zu unserer Kultur erinnert?

Béatrice Hecht-El Minhawi: Zu den Gemeinsamkeiten weltweit gehört die Erfüllung der Bedürfnisse, die die Menschen haben, egal, wo sie leben. Das heißt: genügend Nahrung, Wasser und ein Dach über dem Kopf und Zugang zu Bildung, Ausbildung und Berufstätigkeit. Bei Religionsfreiheit, Meinungsäußerung und Gleichstellung kann es schon unterschiedlich sein. Viele Minderheiten in den Ländern klagen darüber, dass sie ihre Religion nicht frei praktizieren können, wie z. B. Christen in der Türkei. Andere, wie etwa politische Kritiker in China, werden wegen ihrer Meinungsäußerung inhaftiert. Was die Gleichstellung betrifft, ist es zwar nach wie vor so, dass die meisten familiären und gesellschaftlichen Tätigkeiten (die eher unsichtbaren) von Frauen erledigt, sie aber dafür nicht äquivalent gewürdigt und bezahlt werden. Das ist auch kulturelles Verhalten. Und dass in vielen demokratischen Ländern berufstätige Frauen weniger Einkommen haben als ihre Kollegen. Übrigens gibt es etwa in den Vereinigten Arabischen Emiraten gleichen Lohn für gleiche Arbeit, aber bei uns nur qua Gesetz.

Weiterhin fällt mir auf, dass ein gewisses „internationales Verhalten" der meisten Bürger/innen der oberen Mittel- und Oberschicht zu erkennen ist. Ganz besonders deutlich bei *business people*. Sie haben das Kapital und die Chancen, und wenn sie international unterwegs sind, sich also, bildlich gesprochen, aus ihrer Heimatkultur herausheben, können Sie sich weltweit wie auf einer anderen, höher gelegenen Plattform begegnen. Unterwegs fliegen sie mit *miles*, sind oft ähnlich angezogen, vergnügen sich hinter ihren *lap tops*, stellen beim Landen des Fliegers umgehend ihr *mobile phone* an, zahlen mit Kreditkarten, steigen in ähnlichen Hotels ab, essen ähnliche Speisen usw.

Ja, ich gehöre auch oft dazu, und es ist einfach, so zu reisen. Doch steige ich von dieser Plattform runter ins Land, fallen mir sofort Unterschiede auf, wie z. B. die Sprache, der Kommunikationsstil, der Baustil, die Vegetation, das Klima, die Düfte. Dann beobachte ich, dass sich oftmals in asiatischen und arabischen Ländern die *locals* miteinander anders verhalten als bei uns. Das orientalische Abschiednehmen kann sehr viel tränenreicher und die Begrüßung überschwänglicher sein. Und es kann auch sein, dass ich bei meinem zweiten oder dritten beruflichen Besuch in arabischen Ländern von dortigen Frauen umarmt werde, aber selbstverständlich nicht von Männern.

Mir fällt auf, dass es zwischen Frauen und Männern, denen ich begegne, einen großen Respekt gibt. Beide Geschlechter sind in ihren Rollen fester verwurzelt als bei uns und sich sicherer in der Ausübung ihrer Aufgaben.

Im internationalen Geschäftsleben macht es Sinn, wenn wir uns für die meisten Regionen der Welt etwas mehr Zeit nehmen für das Schreiben von E-Mails, denn so kurz und bündig, wie wir es vielleicht noch mit Nordeuropa und Nordamerika gewohnt sind, sollte die elektronische Kommunikation mit Asiaten und schon gar nicht mit Arabern und Afrikanern sein. Dort zählt zuerst die gute Beziehung und dann wird die Sache genannt. Man schreibt nicht nur den eigentlichen Grund, um den es geht, sondern kleidet ihn ein, indem man sich zunächst erkundigt, wie es dem Partner geht, oder auch an ein Thema, das man vom Partner weiß, anknüpft. Und auch am Ende werden gute Wünsche vermittelt. Und Meetings werden in den meisten anderen Ländern nicht als Zeitkiller betrachtet. Man trifft sich, um sich kennen zu lernen, um eben Partner oder Kollegen zu treffen. Dazu braucht man Zeit, und die sollten wir den Partnern oder Kollegen spendieren. Was zu Beginn an Zeit geschenkt wird, wird sich später durch eine leichtere Kommunikation auszahlen.

Idealerweise sind die Visitenkarten deutsch und auf der anderen Seite englisch bedruckt. Oder arabisch und englisch, chinesisch und englisch. Wer die Sprache der Partner benutzt, zeigt beim Überreichen Interesse an der anderen Kultur. Doch Sie sollten nicht nur „Manager" auf der Karte stehen haben, denn dieser Begriff ist absolut schwammig und sagt nichts über die Position und Aufgaben aus. Außerdem sind die meisten asiatischen, arabischen und afrikanischen Kulturen steil hierarchisch organisiert und deshalb ist das Nennen des Titels sowohl auf der Visitenkarte als auch beim ersten Treffen wichtig.

Sie erwähnen immer wieder, dass Sie sich in Australien anders fühlen, als wenn Sie in Indien oder Arabien unterwegs sind. Wie kommt das? Nutzen Sie andere Umgangsformen?

Béatrice Hecht-El Minshawi: Ja, das fällt mir oft auf, auch z. B. wenn ich ein Seminar von zwei Tagen zu „Indien" gebe und die darauffolgenden Tage zu „Arabien". Dann ist das fast wie ein Kulturschock, denn ich brauche Zeit, um „mein tiefes indisches Gefühl" für Arabien umzusortieren. Meine Arbeit ist höchst psychologisch mit jeweils Informationen über ein Land und einem tiefen Kulturgefühl angereichert.

Welche Besonderheiten in den Alltagsgewohnheiten der Menschen sind auf Reisen nach Asien zu beachten?

Béatrice Hecht-El Minhawi: Zu den Alltagsgewohnheiten gehören Tischsitten. In manchen asiatischen Regionen, etwa in China, gehört es zum guten Ton, zu schmatzen, wenn das Essen schmeckt. Oder wie eine Vertreterin kürzlich bemerkte: „Die legen alle Hühnerknochen einfach auf dem Tisch ab."

Was mir in Asien zuerst auffällt, ist die Emsigkeit. Schon als ich in den 60er Jahren in Vietnam gelebt habe, war es genau diese Emsigkeit der Frauen, die mir imponierte. Es schien immer alles Hand in Hand zu gehen und in null Komma nichts waren die zerbombten Hütten durch Frauenhände wieder aufgebaut. In Indien legen viele junge Ingenieure der Software-Schmieden ein unglaubliches Arbeitspensum an den Tag. Zehn Stunden täglich sind nicht selten. Viele schlafen sogar in den Büros unter den auf

Stand-by geschalteten Geräten, um gleich früh morgens wieder Europa in der Mittagszeit bedienen zu können.

Zu den kulturellen Besonderheiten gehört auch, dass die meisten Asiaten, die ja sehr unterschiedlichen Religionen und Spiritualitäten angehören, sehr gläubig sind. In vielen Ländern gilt auch die Ahnenkultur, das heißt, dass täglich an Verstorbene gedacht wird und sie um die Erfüllung spezieller Wünsche inbrünstig gebeten werden: Wen soll man heiraten, Kinderwunsch, welcher Tag soll für ein großes Fest oder für einen großen Geschäftsabschluss gewählt werden?

Was sollten Frauen in der islamischen Welt berücksichtigen?
Besonders, wenn sie geschäftlich unterwegs sind?
Béatrice Hecht-El Minhawi: Wir sollten uns nicht wundern festzustellen, dass es in der islamischen Welt viele berufstätige Frauen gibt. Aus deren Sicht ist das normal, und prozentual sind in den meisten islamischen Regionen, außer vielleicht in Saudi-Arabien, mehr Frauen berufstätig und mehr auch in Führungspositionen als in Deutschland.

Viele Deutsche haben ein Bild von „bevormundeten und geknechteten" islamischen Frauen im Kopf. Das alles gibt es, aber nicht häufiger als bei uns.

Manche deutsche Reisende sind schnell wegen der anderen Geschlechterrollen im Islam verunsichert. Dabei gelingt es gerade jüngeren, städtischen Araberinnen und Asiatinnen immer stärker und erfolgreicher in traditionelle Männerdomänen, wie Politik, Wissenschaft und Business, vorzudringen. Das Ingenieurwesen ist z. B. in vielen Ländern keine Männerdomäne. Die Tatsache, dass es immer mehr arabische und asiatische Geschäftsfrauen gibt, eröffnet auch neue Chancen für europäische Geschäftsfrauen.

Obwohl deutsche Frauen in ihrer Selbstpräsentation oft nicht dem traditionellen arabisch-islamischen Bild entsprechen, werden sie als gleichberechtigte und erst einmal kompetente Verhandlungspartnerinnen geachtet. Allerdings wird konservative Kleidung erwartet.

Deutsche, junge Geschäftsfrauen kommen mit einem behutsamen Kommunikationsstil eher zum Ziel als durch forsches Draufgängertum und Rechthaberei.

Wenn deutsche Frauen in Saudi-Arabien unterwegs sind, sollten sie ein Kopftuch und einen langen, weiten, dunklen Mantel dabei haben. Viele saudische Geschäftspartner besorgen solche Mäntel für den Besuch aus Deutschland im Voraus. Einige deutsche, und zwar ältere Frauen konnten dennoch in relativer Anonymität mancher Büros das Tuch entfernen.

Wer in ländlichen Regionen der islamischen Welt unterwegs ist, sollte für alle Fälle ein Tuch mitnehmen. Sie wissen nie, wo Sie landen! Und es schützt vor Sonne.

Reisen Paare in islamischen Staaten, sollten sie Körperkontakt in der Öffentlichkeit vermeiden.

Immer wieder ein interessantes Thema ist die angemessene Kleidung.
Was würden Sie den Touristen beim Sightseeing im Ausland
empfehlen und was den Geschäftspartnern?

Béatrice Hecht-El Minshawi: Was ist eine angemessene Kleidung? Jedenfalls in Südamerika etwas ganz anderes als in der islamischen Welt, denn als Touristin kann ich in den meisten Gegenden Südamerikas, wenn ich wollte, etwa ein Top tragen, aber in asiatischen Ländern und vor allem in arabischen nicht. Dort sollten reisende Frauen in der Öffentlichkeit bedeckt auftreten. Und Männer in Shorts und Frauen in Hot Pants sehen, außer am Strand, überall unpassend gekleidet aus.

Eigentlich ist es komisch, dass dieser Punkt ein Thema ist. Würden wir mit Interesse am Land und mit Respekt und Feingefühl uns auf eine Reise vorbereiten, könnten wir uns vorab in vielen Informationsquellen kundig machen, was man als Frau oder Mann im Gastland trägt. Ja, wir sind woanders zu Gast, und das bedeutet, dass wir uns den dortigen Gepflogenheiten anzupassen haben. Dennoch brauchen wir Frauen in den islamischen Ländern, außer in Saudi-Arabien, kein Kopftuch tragen.

Gibt es Ihrer Meinung nach gemeinsame Wertvorstellungen,
die auf der ganzen Welt Gültigkeit besitzen?

Béatrice Hecht-El Minshawi: Ich bin skeptisch, wenn ich höre, es gäbe so etwas wie ein weltweites kulturelles Handeln. Kommen wir zurück zu Höflichkeit und Anstand. Anstand kann, wie vorhin schon gesagt, woanders etwas anderes bedeuten, und höfliches Verhalten sowieso.

Ich finde, eher so etwas wie Interesse an der Lebensweise der Menschen und Neugierde auf die Kultur des fremden Landes könnte eine gemeinsame Wertvorstellung sein. Oder ein faires und ethisches Miteinanderumgehen oder dass wir uns überall auf der Welt für das Überleben der Menschen und für unsere Umwelt einsetzen.

Wenn Sie eine Anti-Fettnäpfchen-Strategie für Reisen ins Ausland und für das internationale Business entwickeln müssten: Was sollte auf alle Fälle in dieser Strategie beinhaltet sein?

Béatrice Hecht-El Minshawi: Sie kennen die drei Affen? Augen und Ohren öffnen und den Mund zunächst geschlossen halten. Wir sollten also intensiver beobachten und beim Zuhören herausfinden, welche Informationen zwischen dem Gesagten vermittelt werden. Und wir sollten mehr Fragen stellen und uns dadurch als Lernende präsentieren, die die andere Person im fremden Land um ihr Wissen bittet.

Wie sollte man sich auf eine Reise stets persönlich vorbereiten – egal, ob Urlaubs- oder Geschäftsreise? Was sind hier Ihre Empfehlungen?

Béatrice Hecht-El Minshawi: Es ist immer interessant zu wissen: „Wie wirke ich auf andere?" Wenn wir uns in die Welt aufmachen, besonders bei internationalen Geschäftsreisen, ist es wichtig, einschätzen zu können, was die anderen über uns denken. Also müssen wir uns auch mit uns selbst beschäftigen, um herauszufinden, was die anderen von uns „ablesen" können und was wir möchten, das sie von uns erfahren. Das ist die eine Seite der interkulturellen Brücke zur anderen Seite. Dort aber sollte es uns um das Verstehen gehen, aus welcher Lebenssituation die Menschen kommen. Was ihre Geschichte mit den Menschen gemacht hat und in welcher politischen und sozialen, ökologischen und ökonomischen Situation sie leben. Das ist ihre Kultur und die sollten wir verstehen lernen.

*Was wollen Sie den Lesern von **Knigge für jeden Tag** gerne mit auf den Weg geben?*
Béatrice Hecht-El Minshawi: 1. Finden Sie Ihren Stil, unterwegs zu sein. Stil ist eine Synthese von Interesse und Wirkung. 2. Reisen ist eine Herausforderung und kann eine Kunst sein. Beherzigen Sie „Das ABC des Reisens" in dem Buch *Weltweit arbeiten: Gut vorbereitet für Job und Karriere im Ausland.*

Bleiben wir bei unserem Kulturträger, Johann Wolfgang von Goethe, der meinte: „Es ist nicht genug zu wissen, man muss es auch anwenden, es ist nicht genug zu wollen, man muss es auch tun."

Ich wünsche allen Leserinnen und Lesern viele spannende Erlebnisse unterwegs, denn die bereichern den Alltag hier.

Vielen Dank für das interessante Interview!

Anhang

Der Anhang beinhaltet weiterführende Hinweise zu Literatur und Internetlinks. Zudem finden Sie auch die beiden Lösungen zu den Tests und das Stichwortverzeichnis, mit dem Sie rasch die gesuchten Antworten im Buch entdecken können.

Lösungen zu „Testen Sie Ihren aktuellen Wissensstand!"

Die richtigen Antworten sind jeweils **farbig** hervorgehoben.

1. *Wie lautet die korrekte mündliche Anrede für einen Herrn Dr. Graf Lambsdorff?*
   a) Guten Tag, Herr Graf Lambsdorff.
   b) **Guten Tag, Dr. Graf Lambsdorff.**
   c) Guten Tag, Herr Dr. Graf Lambsdorff.

2. *Wie lautet die korrekte Anschrift für ein Ehepaar in einem Brief?*
   a) Herrn und Frau Reiner Muster
   b) An das Ehepaar Reiner Muster.
   c) **Herrn Reiner Muster und Frau Susanne Muster.**

3. *Welche Regel stimmt bei der Begrüßung im beruflichen Umfeld?*
   a) **Frauen stehen auf wie die Herren.**
   b) Frauen bleiben grundsätzlich sitzen.
   c) Frauen bleiben sitzen, es sei denn, eine bedeutend ältere Dame reicht ihr die Hand.

4. *Welche Regel gilt für den Umgang mit SMS, wenn andere Personen dabei sind?*

   a) Der Absender bekommt umgehend Antwort.

   b) Gleich lesen – später beantworten.

   c) **Weder lesen noch schreiben.**

5. *Wie werden Visitenkarten entgegengenommen?*

   a) **Erst lesen, kurz kommentieren – dann einstecken.**

   b) Gleich einstecken.

   c) Wortlos lesen – dann einstecken.

6. *Welche Aussage über Business-Hemden ist richtig?*

   a) Im Sommer können die Herren kurzärmelige Hemden zum Anzug tragen.

   b) **Ein Business-Hemd ist immer langärmelig.**

   c) Zum Button-down trägt man eine Krawatte.

7. *Welche Knöpfe werden bei einem Drei-Knopf-Sakko geschlossen?*

   a) **Die beiden oberen oder nur der mittlere Knopf.**

   b) Alle Knöpfe werden geschlossen.

   c) Nur der untere Knopf.

8. *Welche Speisen dürfen Sie mit der Hand essen?*

   a) Geflügel.

   b) **Spareribs.**

   c) Spargel.

9. *Wie essen Sie das Beilagenbrot?*
   a) **Brot wird in mundgerechte Stücke gebrochen.**
   b) Mit Messer und Gabel.
   c) Aus der Hand von der Scheibe abbeißen.

10. *Wer verkostet den bestellten Wein?*
    a) Grundsätzlich ein Mann.
    b) Der Ehrengast.
    c) **Wer bestellt hat.**

11. *Wo legen Sie nach dem Essen die Serviette ab?*
    a) Auf dem Teller.
    b) Rechts neben dem Teller.
    c) **Links neben dem Teller.**

12. *Zwei bekannte Paare treffen sich auf der Straße.*
    Wie begrüßen sie sich richtig mit Handschlag?
    a) Erst die Herren, dann die Herren die Damen,
       dann die Damen.
    b) Dafür gibt es keine Regel.
    c) **Erst die Damen, dann die Damen die Herren,**
       dann die Herren.

Lösungsvorschläge zur Übung „Ich-Botschaften"

Die möglichen richtigen Ich-Botschaften der Übung sind hier aufgelistet.

a) „Schicken Sie uns erst eine Rechnung, bevor Sie mahnen!"
   Ich-Botschaft: „Wir haben bislang noch nicht bezahlt, weil uns noch keine Rechnung vorliegt. Ich schlage vor ..."

b) „Da hätten Sie die Angaben gleich richtig machen müssen!"
   Ich-Botschaft: „Der Vorgang konnte noch nicht bearbeitet werden, weil uns wichtige Informationen fehlten."

c) „Sie haben die Überweisung unleserlich ausgefüllt!"
   Ich-Botschaft: „Bei der Überweisung ist ... unleserlich. Bitte geben Sie mir ... noch einmal durch!"

d) „Sie haben mich vollkommen falsch verstanden!"
   Ich-Botschaft: „Da habe ich mich wohl sehr unklar ausgedrückt!"

e) „Da haben Sie nicht richtig zugehört!"
   Ich-Botschaft: „Hier liegt offensichtlich ein Missverständnis vor."

f) „Da müssen Sie sich an die Serviceabteilung wenden!"
   Ich-Botschaft: „Um das Problem schneller zu lösen, verbinde ich Sie mit unserer Serviceabteilung!"

g) „Sie müssen mir den Sachverhalt schriftlich vorlegen!"
   Ich-Botschaft: „Einen Moment Geduld, bitte. Ich will Ihre Angaben gleich notieren!"

Literaturhinweise

Interessantes & Wissenswertes zu Manieren, Stil und Etikette finden Sie auch in folgenden Büchern:

Asserate, Asfa-Wossen: Manieren, Deutscher Taschenbuchverlag

Darnell, Bruce/Ditting, Frauke: Drama, Baby, Drama!, Bastei Lübbe Verlag

Droste, Lis/Hillemacher, Monika: Stil und Etikette in unserer Zeit, Beltz Verlag

Knigge, Adolph Freiherr von: Über den Umgang mit Menschen, Anaconda Verlag

Ludowig, Frauke: Glamour ist kein Geheimnis, Ullstein Taschenbuch Verlag

Meyden, Nandine: Tischmanieren, humboldt

Meyden, Nandine: Lexikon der Benimmirrtümer, Ullstein Taschenbuch Verlag

Walter, Susanne/Huber, Christine: Knigge für freche Frauen, Redline Wirtschaft

Kultursensibler Umgang mit Menschen ist notwendig, wenn Sie im Ausland unterwegs sind oder auch ausländische Gäste zu sich einladen. Die genannten Bücher informieren umfassend über die Besonderheiten und Gepflogenheiten anderer Länder:

Erll, Astrid/Gymnich, Marion: Interkulturelle Kompetenz, Klett Verlag

Hecht-El Minshawi, Béatrice: Interkulturelle Kompetenz, Beltz Verlag

Hecht-El Minshawi, Béatrice/Szodruch, Marja: Weltweit arbeiten, Redline Wirtschaft

Zacharaki, Ionna (Hg.)/Eppenstein, Thomas (Hg.)/Krummacher, Michael (Hg.): Praxishandbuch Interkulturelle Kompetenz vermitteln, vertiefen, umsetzen, Wochenschau-Verlag

Weitere Links

Mit folgenden Links können Sie im Internet nach Lust und Laune recherchieren oder weitere Details, die Sie besonders interessieren, vertiefen.

Zu sämtlichen Knigge-Fragen

Wenn Sie mehr Wissenswertes erfahren wollen, so lohnt sich allemal ein Blick auf die folgenden Seiten mit nützlichen Tipps und relevanten Informationen:

www.knigge.de
www.stil.de
www.bassconnection.de
www.wiwo.de/management-erfolg
www.knigge-portal.de
www.knigge-rat.de

Zu Knigge-Regeln im World Wide Web

Das Internet und die Kontaktplattformen stellen ihre eigenen Anforderungen an einen achtsamen Umgang miteinander. Hier finden Sie weiterführende Informationen:

www.eetiquette.de
www.vetion.de
www.chatiquette.de
www.business.chip.de
www.business-wissen.de
www.chatiquette.de

Zu Kindergeburtstagen und privaten Festen

Interessantes für Kindergeburtstage gibt es im Internet unter www.kindergeburtstag-spiele.de.

Wenn Sie ein größeres Fest planen, dann kann sich ein professionelles Veranstaltungsmanagement oder ein kompetenter Partyservice durchaus lohnen. Mehr erfahren Sie beim Googeln im Internet mit den Stichworten „Event planen" oder „private Feste organisieren".

Wissenswertes für Senioren

Die folgenden Internetseiten informieren umfassend und übersichtlich über Reisen, Finanzen, Ernährung, Freizeitakivitäten, medizinische Versorgung usw.:
www. Serviceseiten50plus.de
www.50aufwaerts.de
www.silbernetzwerk.de
www.lebensphasen.de
www.feierabend.com
www.seniorennet.de

Inzwischen gibt es in Unternehmen auch sogenannte Seniorberater, die aufgrund ihrer immensen Fach- und Sozialkompetenz gerade in kritischen Phasen den Firmen helfen können:
www.seniorberater.com
www.nose-service.de

Kurzporträt der Autorin

Dr. Barbara Kleber ist seit vielen Jahren selbstständige Trainerin für Verhalten sowie Kommunikation und leitet Seminare zu Themen wie Stil und Etikette, Gesprächstechniken, Führungsverhalten, Zeit- sowie Selbstmanagement.
Sie arbeitet für namhafte Trainingsinstitute und im Rahmen der firmeninternen Personalentwicklung. Zudem ist sie auch als Autorin tätig. Sie lebt mit Mann und Kater am Stadtrand von Berlin.

Ihre Kontaktdaten sind:
Dr. Barbara Kleber
Ringstraße 33, 16356 Lindenberg
Tel. 030 943921 4, Mobil 0176 96818565
barbara.kleber@t-online.de
www.kleber-methode.de

Register

... bringt es auf den Punkt.

Ann-Christin Baßin

Sicheres Auftreten

**Das Erfolgstraining für
ein selbstbewusstes Leben**

**So verbessern Sie
Körpersprache, Stimme
und Selbstvertrauen**

2., aktualisierte Auflage

humboldt –
Psychologie & Lebensgestaltung
184 Seiten, 12,5 x 18,0 cm, Broschur
ISBN 978-3-86910-478-2
€ 9,95

„Die Abschnitte sind schön kurz gehalten und lustige Bilder lockern das Thema der positiven Lebensgestaltung auf. Wichtige Tipps werden meist in Stichpunkten aufgezählt und Beispiele, Zitate und Ratschläge sind oft in einem extra Fenster hervorgehoben. Dadurch liest sich das Buch sehr schön und bereits fünf Minuten schmökern in einer kurzen Pause lohnen sich, um wichtige Tipps herauszufiltern.“

Bewerberblog.de

humb●ldt

... bringt es auf den Punkt.

Dieter J. Zittlau

Small Talk

Was kann ich sagen?

Wie vermeide ich peinliche Situationen?

Wie überzeuge ich im Gespräch?

humboldt – Information & Wissen
180 Seiten, 12,5 x 18,0 cm, Broschur
ISBN 978-3-86910-012-8
€ 9,95

In vielen privaten und beruflichen Situationen ist Small Talk unvermeidlich. Doch wie führe ich Gespräche, ohne oberflächlich zu wirken oder peinliche Pausen entstehen zu lassen? Dieser Ratgeber zeigt Ihnen, wie Sie ein charmanter und kluger Gesprächspartner werden!

„Buch-Tipp: Ein charmanter, kluger Gesprächspartner zu sein, das lässt sich erlernen. Viele Anregungen finden Sie in dem Ratgeber ‚Small Talk'."
Laura

humb●ldt

...bringt es auf den Punkt.

Nandine Meyden

Tisch-Manieren

Im Restaurant

Beim Geschäftsessen

Zu Hause

2., aktualisierte Auflage

humboldt – Information & Wissen
192 Seiten, 12,5 x 18,0 cm, Broschur
ISBN 978-3-86910-018-0
€ 9,95

Welche Hürden sollte ich beim Geschäftsessen meistern können? Was muss ich bei privaten Einladungen beachten? Wie esse ich schwierige Speisen? Etikette-Expertin Nandine Meyden verrät, wie Sie rund ums Essen eine gute Figur machen und Fettnäpfchen stilsicher vermeiden.

Aus dem Inhalt

- Richtig Gäste einladen
- Das A und O: Tischmanieren
- Die richtige Zusammenstellung von Speisen und Getränken
- Reden und Reden halten
- Gäste zu Hause bewirten
- Essen im Restaurant
- Kinder bei Tisch

... bringt es auf den Punkt.

Nandine Meyden

Jedes Kind kann sich benehmen

So lernen Ihre Kleinen gute Umgangsformen

humboldt – Eltern & Kind
216 Seiten, 20 Illustrationen
12,5 x 18,0 cm, Broschur
ISBN 978-3-86910-602-1
€ 9,90

„Kids auf liebevolle Weise gute Umgangsformen beizubringen, ist gar nicht so schwer. Benimm-Expertin Nandine Meyden ist keine Super-Nanny-Furie, sondern eine verständnisvolle Ratgeberin. Manchen Erwachsenen würde diese Lektüre auch im Hinblick auf sich selbst keineswegs schaden […].“ *Trendjournal*